DAXUESHENG JINGJI YU
GUANLI SUZHI JIAOYU
LILUN YU SHIWU

大学生
经济与管理素质教育
理论与实务

主　编○惠宏伟　张　艳　杜玉英　张　颖
副主编○刘光军　夏玉林　杜　华　刘海燕
主　审○程　夏

西南财经大学出版社
Southwestern University of Finance & Economics Press

图书在版编目(CIP)数据

大学生经济与管理素质教育理论与实务/惠宏伟,张艳,杜玉英,张颖主编.—成都:西南财经大学出版社,2016.6

ISBN 978 - 7 - 5504 - 2004 - 5

Ⅰ.①大… Ⅱ.①惠…②张…③杜…④张… Ⅲ.①经济管理—高等学校—教学参考资料 Ⅳ.①F2

中国版本图书馆 CIP 数据核字(2015)第 146248 号

大学生经济与管理素质教育理论与实务

惠宏伟 张 艳 杜玉英 张 颖 主 编

刘光军 夏玉林 杜 华 刘海燕 副主编

责任编辑:刘佳庆

助理编辑:傅倩宇 涂洪波

封面设计:何东琳设计工作室

责任印制:封俊川

出版发行	西南财经大学出版社(四川省成都市光华村街55号)
网　址	http://www.bookcj.com
电子邮件	bookcj@foxmail.com
邮政编码	610074
电　话	028 - 87353785 87352368
照　排	四川胜翔数码印务设计有限公司
印　刷	郫县犀浦印刷厂
成品尺寸	185mm×260mm
印　张	12.25
字　数	280 千字
版　次	2016 年 6 月第 1 版
印　次	2016 年 6 月第 1 次印刷
印　数	1— 3000 册
书　号	ISBN 978 - 7 - 5504 - 2004 - 5
定　价	29.80 元

前　言

为全面贯彻国民经济和社会发展"十二五"规划纲要，进一步提升高等学校办学质量和办学效益、促进高等教育事业健康发展，进一步落实《教育部、财政部关于实施高等学校本科教学质量与教学改革过程的意见》《教育部关于进一步深化本科教学改革全面提高教学质量的若干意见》《国家中长期教育改革和发展规划纲要》等文件精神，结合目前高校发展素质教育的实际情况，特编写这本经管类素质教育教程，以期对促进高校素质教育发展有一定帮助。

本书特别注重理论与实际的联系，创业模拟和模拟经营两部分使用专业的教学软件辅助教学，可操作性强，可供高等院校所有的文科和理科类专业进行素质教育教学参考和使用。

本书共四篇，分别为创业模拟、模拟经营、招投标模拟实训和会计基础四个部分，各部分相互独立。

本书由惠宏伟副教授主持，并与张艳、杜玉英、张颖共同编著。具体分工情况如下：惠宏伟副教授负责全书的总体设计和审核统稿，并编写第二篇；杜玉英编写第一篇；张颖编写第三篇；张艳编写第四篇。同时邀请成都理工大学工程技术学院经济系主任、成都理工大学工程技术学院经济管理实验教学中心主任程夏教授担任主审。

本书得以出版，感谢经济管理实验教学指导委员会及各位专家的支持，感谢经济管理实验教学中心同仁的帮助，感谢西南财经大学出版社的辛勤劳动！

由于编者水平和时间有限，书中难免有疏漏甚至错误之处，敬请使用者提出宝贵意见！

编　者
2016 年 6 月

目 录

第一篇 创业模拟

第二篇 模拟经营

第三篇 招标投标模拟

第四篇　会计基础

第一篇　创业模拟

第一章　撰写创业计划书

创业计划是创业或企业的蓝图，是创业者叩响投资者大门的"敲门砖"，一份优秀的创业计划书往往会使创业者达到事半功倍的效果。创业计划书有别于项目建议书或项目可行性研究报告，要求对项目进行全面的阐述，需要突出市场空间和投资回报。

一份完整的创业计划书应包括封面、扉页、目录、正文和附录。

（1）封面。标题：××公司（或××项目）商业（创业）计划书，标题应体现核心主题，使人一目了然。时间：××年××月××日。封面是创业计划书的"脸面"，最好能独立成页。

（2）扉页部分主要有上下两部分内容。上半部分提出保密要求，或提供机构简介（便于阅读者对机构进行初步的了解），这些内容可以根据具体情况进行适当的修改或删除，有时也可以省略不写；下半部分提供机构的联系方式，如机构名称、地址、网址、邮编、负责人或联系人的姓名、电话、传真等信息，以便于阅读者（投资者、合作者）调查核实公司情况并及时与策划者取得联系。

（3）目录。目录是当正文完成后，点击工具栏"插入"目录自动生成。

（4）正文。

（5）附录。附录可有附件、附图、附表3种形式。主要内容包括：①公司相关的资质材料。例如：营业执照复印件；公司章程；经营团队名单及简介；产品说明书和相关材料；产品专利相关资料；宣传材料。②生产、技术和服务相关的技术资料。例如：设备清单；产品目录；工艺流程图；技术图纸与方案。③市场营销相关资料。例如：主要客户名单；主要供应商和经销商名单；市场调查和预测资料，产品相关资料。④财务相关资料。例如：各种财务报表，现金流量预测表；资产负债预测表以及公司利润预测表。

下面就创业计划书的正文部分进行详细说明。

第一节　创业计划书正文概要

一、计划摘要

对整个计划书内容的总体说明，描述全部计划的基本框架。

二、公司简介

对创办企业的整体情况进行介绍，包括公司经营内容、宗旨、战略、产品、技术、团队等各个方面，重点阐述公司的整体优势与经营目标，可以分别从公司简介、公司宗旨、经营目标、产品优势、管理团队等方面分别加以详细阐述说明。

三、市场分析

创办企业对即将进入的目标市场的整体情况、现状规模、发展趋势以及目标市场的客户需求分析，比如市场情况介绍、目标市场分析、顾客需求分析。

四、竞争分析

分析市场竞争形势，可以分别从竞争对手分析、市场竞争策略、竞争优势分析等方面进行详细的阐述和说明。

五、产品服务

介绍企业的产品或服务及对客户的价值。对市场上的同类产品进行对比分析，阐述公司产品与服务的特色及优势。可以分别从以下几个方面加以详细阐述和说明：产品发展规划、研究与开发、生产与运输、实施与服务。

六、市场营销

介绍企业所针对的目标市场、营销战略、竞争环境、竞争优势与不足。可以分别从以下几个方面进行详细阐述和说明：市场开发策略、产品定位分析、产品定价策略、渠道网络建设、广告宣传策略、营销团队建设。

七、财务计划

公司需要融资的规模及投入使用计划，并对未来几年的收益进行预测，分析投资回报情况，并列出预计的财务报表。如资金需求说明、资金投入计划、投资收益预测、预计利润表。

八、风险分析

对公司运营过程中可能遇到的各类风险进行说明，并说明如何应对各种可能出现的风险情况，如市场与竞争风险、产品与技术风险、财务风险、管理风险、政策风险。

九、内部管理

对公司内部管理的各方面工作进行说明，如公司组织结构、公司管理制度、人力资源计划、内部激励方案。

第二节　创业计划书的关键问题

撰写创业（商业）计划书时，尽可能地回答清楚以下问题：

（1）你的管理团队拥有什么类型的业务经验？

（2）你的管理团队中的成员有成功者吗？每位管理成员的动机是什么？

（3）你的公司和产品如何进入行业？

（4）在你所处的行业中，成功的关键因素是什么？

（5）你如何判定行业的全部销售额和成长率？

（6）对你公司的利润影响最大的行业变化是什么？

（7）和其他公司相比，你的公司有什么不同？

（8）为什么你的公司具有很高的成长潜力？你的项目为什么能成功？

（9）你所预期的产品生命周期是什么？

（10）是什么使你的公司和产品变得独特？

（11）当你的公司必须和更大的公司竞争时，为什么你的公司会成功？

（12）你的竞争对手是谁？

（13）和你的竞争对手相比，你具有哪些优势？

（14）和你的竞争对手相比，你如何在价格、性能、服务和保证方面和他们竞争？你的产品有哪些替代品？

（15）如果你计划取得市场份额，你将如何行动？

（16）在你的营销计划中，最关键的因素是什么？

（17）你的广告计划对产品的销售会是怎样的影响？

（18）你认为公司发展的瓶颈在哪里？

（19）可供投资人选择的退出方式是那些？

（20）请说明为什么投资人应该投资贵企业而不是别的企业？

（21）管理团队有哪些优势与不足之处？

（22）公司的人才战略与激励制度？

在撰写创业计划书对于市场容量的估算、未来增长的预测的数据最好是来源于中立第三方的调查或研究报告或者是可信度高、已经证实的数据为中心，避免自行估计。对于特殊市场，在预估时则力求保持客观中肯的态度，以免有"自吹自擂"之嫌，令人不能信服。

第二章　创业运营执行书

创业计划书（商业计划书）主要是给投资商描述你的现状和未来。而创业运营执行书是执行当下的创业项目，创业过程中是需要我们"执行"的过程，"不落地的行动"将使我们走弯路甚至消耗光我们的资金和斗志，制订详细的执行计划，将有效提升创业过程的"掌控力"，增大成功的概率。创业运营执行书包括以下三个步骤：项目研发、商业化筹备、市场营销。

第一节　项目研发

项目研发阶段是个人创业能力与团队创业能力成长、塑造的过程，可以从新项目研发概要和项目研发执行计划进行细化。

一、新项目研发概要

新项目研发包括以下几个方面：

（1）确定项目的名称，确定由谁来对此项目负责即项目总负责人，确定哪些人来参与执行此项目即项目参与执行人，项目参与人或研发团队的合作文件。

（2）这一项目研发的内容到底是什么。必须明确新项目（产品或服务）研发的目的、研发的意义、研发这一新项目有什么市场价值。如果研发成功，此项目的最终状态是什么样的。

（3）新项目（产品或服务）的顾客群是谁，是否有市场调研的原始文件及科学合理的分析报告。这一新项目到底有什么独特之处，研发大概需要多长时间，需要在什么样的环境中进行即研发实施的地点。要想研发成功此产品，需要哪些硬件条件，需要哪些政策支持，需要多少经费投入；同时经费如何分配，如前期投入多少、中期投入多少、中期或者后期还需要投入多少等。

二、项目研发执行计划

当明确了上述的目的、意义且条件较成熟时，项目研发开始进入执行阶段。执行计划的工作流程：资料准备—研发—测试—反馈—改进—应用。同时项目执行计划每阶段还需要进一步细分每个阶段的主项目、子项目以及相应的完成时间、负责人和执行情况，这些都需要详细记录，见表1-2-1。

表 1-2-1　　　　　　　　　项目研发执行计划表

序号	主项目	子项目	完成目标	时间进度	负责人	执行情况
1.	资料准备					
1-1	例：研发资料					
1-2	例：研发设备					
2.	项目研发					
2-1	例：研发进度记录					
3.	测试					
3-1	例：测试样本记录					
3-2						
4	改进					
4-1	例：改进建议收集					
4-2	例：改进事项					
5.	应用					
5-1	例：应用案例记录					
5-2	例：照片记录					
5-3	例：问卷收集					
6.	产品升级与新产品研发计划					
6-1	例：升级产品					
6-2	例：新产品					
6-3	例：增值服务开发					
7.	OEM 代工（适合于物理产品类企业）					
7-1	例：OEM 代工伙伴					
7-2	例：OEM 代工成本					
8.	创业建议					
8-1	例：运营人才资源筛选					
8-2	例：创业政策收集					
8-3	例：人脉关系开拓					
8-3	例：创业课程学习					

注：此表中的项目可以根据实际需要增加或者删除。

第二节 商业化筹备

项目研发完成后，需要将其商业化，才会产生价值。在正式的商业化之前是商业化筹备阶段，商业化筹备阶段是将团队能力转变为企业能力的过程。

一、工作概述

商业化筹备需要明确总负责人、团队参与成员、对商业化目标市场的预测（最好是量化的指标），商业化的执行人是否为研发人员。如果不是，那么需要明确项目商业化执行人与研发人的关系，考察是不是以股东合作的方式来运作此项目。如果是以股东合作的方式运作此项目，那么需要核心股东签署合作文件，明确各自所占股权，然后确定是否需要登记注册成立一家公司。如果需要，谁去办理公司注册流程，明确哪些是管理层，管理层的薪酬如何，如果招聘一般员工，则需要确定一般员工的薪酬制度。

二、商业化执行计划

如何使产品或服务这一新项目产生价值，执行商业化是关键。商业化执行可以细分为团队建设、项目文案撰写、市场开拓准备、资源整合、壁垒建设、启动资金几个重要方面；每个主要的方面有其主项目、子项目以及每个项目对应的完成目标、完成的时间进度以及相应的负责人和执行情况的详细记录，见表1-2-2。

表1-2-2　　　　　　　　　商业化执行计划表

序号	主项目	子项目	完成目标	时间进度	负责人	执行情况
1.	团队建设					
1-1	例：团队搭建					
1-2	例：团队培训					
1-3	例：合作机制方案					
2.	项目运营文案撰写					
2-1	例：销售文案					
2-2	例：公司文案					
2-3	例：管理运营文案					
3.	市场开拓准备					
3-1	例：市场分析					
3-2	例：深度客户调研					
3-3	例：营销策略					

表1-2-2（续）

序号	主项目	子项目	完成目标	时间进度	负责人	执行情况
3-4	例：客户信息收集					
3-5	例：营销计划					
3-6	例：寻找合作伙伴					
4.	资源整合					
4-1	例：政策资源					
4-2	例：社会资源					
4-3	例：信息资源					
4-4	例：人脉资源					
5.	壁垒建设					
5-1	例：专利版权申请					
5-2	例：技术壁垒					
5-3	例：品牌壁垒					
5-4	例：战略壁垒					
6.	启动资金					
6-1	例：自筹资金					
6-2	例：帮扶资金筹集					
6-3	例：财务制度建立					
6-4	例：盈亏平衡控制					
7.	企业建设					
7-1	例：融资计划					
7-2	例：办公场地					
7-3	例：办公设备采购					
7-4	例：成本控制					
8.	商业模式构建　★重要工作					
8-1	例：商业模式设计					
8-2	例：危机管理					
9.	创业建议					
9-1	例：运营人才资源筛选					
9-2	例：创业政策收集					
9-3	例：人脉关系开拓					
9-3	例：创业课程学习					

注：此表中的项目可以根据实际情况增加或者删减。

第三节　市场营销

一、市场工作概述

新项目研发完成后，商业化筹备按照计划执行后，如果能顺利地通过市场营销将新项目推广出去，那么新项目的价值才能得到最终的体现。市场是试金石。市场营销需要有相应的总负责人、执行的团队成员，市场营销狭义上是一个销售的过程，这一个过程中的主力军是销售团队，对这一销售团队需要有相关的规章制度；同时，思考主要的营销渠道有哪些，制定出切合于这些渠道客户实际的规章制度；最后，思考清楚是否需要其他合作伙伴来共同开拓市场，如果需要，则必须与合作伙伴签署合作文件。

二、市场营销执行计划

市场营销主要的工作内容确定清楚后，如何来执行市场营销的工作计划呢？下面是市场营销执行计划的主要工作模块：营销战略制定、推广计划、销售计划，落实每个工作中的主项目、子项目、时间进度、负责人及执行情况，见表1-2-3。

表1-2-3　　　市场营销执行计划表

序号	主项目	子项目	完成目标	时间进度	负责人	执行情况
1.	营销战略制定					
1-1	例：营销战略会议					
1-2	例：营销战术					
1-3	例：价格制定					
2	推广计划					
2-1	例：推广计划					
2-2	例：广告、促销					
2-3	例：营销事件					
3.	销售计划					
3-1	例：终端客户开发					
3-2	例：渠道客户开发					
3-3	例：销售团队建设					
3-4	例：销售团队培训					
4.	售后服务					
4-1	例：售后服务规定					

表1-2-3（续）

序号	主项目	子项目	完成目标	时间进度	负责人	执行情况
4-2	例：售后原则					
4-3	例：客户满意度调查					
5.	客户跟踪					
5-1	例：客户存档					
5-2	例：客户回访					

注：此表可以根据实际需要增加或删减。

第三章 公司设立

创业计划书完成后，就是去注册成立一家公司，如何注册成立一家公司呢？此处借助创业之星教学软件来完成。

第一节 注册登录

一、学生端登录

每个同学一台电脑，打开电脑后，在桌面上找到"创业之星（学生）"，双击此图标，则会出现图1-3-1；点击"确定"，则会出现图1-3-2。特别注意此图中的服务器（教师给的服务器），服务器修改好以后，点击"登录"，则会出现图1-3-3，左上方有"登录口令"，右上方有"注册新用户"，登录口令先暂时不管；直接点击"注册新用户"，则会出现图1-3-4，填写以下信息，完成后点击"注册"。备注：一台电脑可以注册多个用户，也可以登录多个用户。

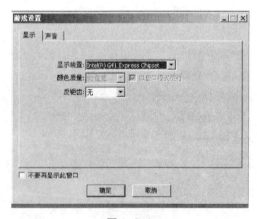

图1-3-1

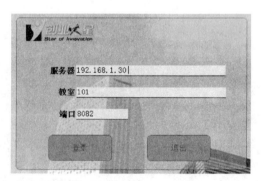

图1-3-2

图 1-3-3 注册新用户

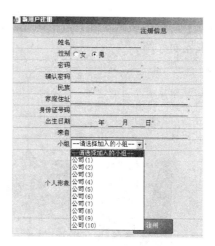

图 1-3-4 新用户信息注册

二、填写注册信息

在出现的如图 1-3-4 所示的注册页面中，输入自己的信息。填写参考如下：

（1）"姓名"：输入自己的姓名，姓名长度必须为 2~4 位。

（2）"密码"：自己设置即可，是以后每次登录系统时的密码。不填写密码即此处为空时，则表示自己在下次登录时无需密码验证。如果忘记了自己设置的密码，可以在教师处请求清空密码。

（3）"民族"：必填项。

（4）"家庭住址"：必填项。自行填写即可。

（5）"身份证号码"：必填项。一般为 18 为数字。

（6）"出生日期"：必填项。例如：1985 年 12 月 24 日。

（7）"来自"：可以不填写。

（8）"小组"：点击"请选择加入的小组"面向电脑右边的下拉箭头符号，出现下拉列表，选择你所要加入的小组或公司。如果教师在建立班级后，在小组名称处填写"小组"则此处显示"小组"；如果教师在小组名称处填写"公司"，则此处显示的则是"公司"；若下拉列表中无可选项，说明教师端还未创建小组或公司，请联系教师。

（9）"个人形象"：点击"更多形象"，在弹出的形象中，点击自己喜欢的图像，即可选择个人形象。点击"注册"，则会出现"注册成功，请等待讲师审核通过"，点击"确定"后等待或通知教师端审核你的注册请求。

当教师端解锁通过你的注册请求后，关闭当前界面，点击"登录"或按"F5"刷新屏幕，"登录"，在出现的页面中输入登录口令处（此处输入的是自己注册新用户时所填写的密码），再选择自己申请注册的名字（注册新用户时输入的名字），点击"登录"，即可进入学生端程序的主场景，如图 1-3-5 所示。

备注：①如果想更换小组或公司，可以请教师将自己注册的用户删掉，然后重新注册新用户；②以后每次登录均是输入登录口令，选择自己的名字即可；③在保存了的前提下，每次退出系统后，再次登录系统时以前所填写的信息仍然存在。

主界面介绍：

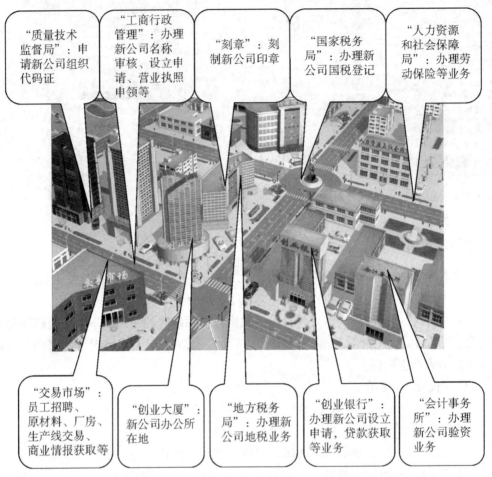

"质量技术监督局"：申请新公司组织代码证

"工商行政管理"：办理新公司名称审核、设立申请、营业执照申领等

"刻章"：刻制新公司印章

"国家税务局"：办理新公司国税登记

"人力资源和社会保障局"：办理劳动保险等业务

"交易市场"：员工招聘、原材料、厂房、生产线交易、商业情报获取等

"创业大厦"：新公司办公所在地

"地方税务局"：办理新公司地税业务

"创业银行"：办理新公司设立申请，贷款获取等业务

"会计事务所"：办理新公司验资业务

图 1-3-5　主界面

操作仪表盘界面：

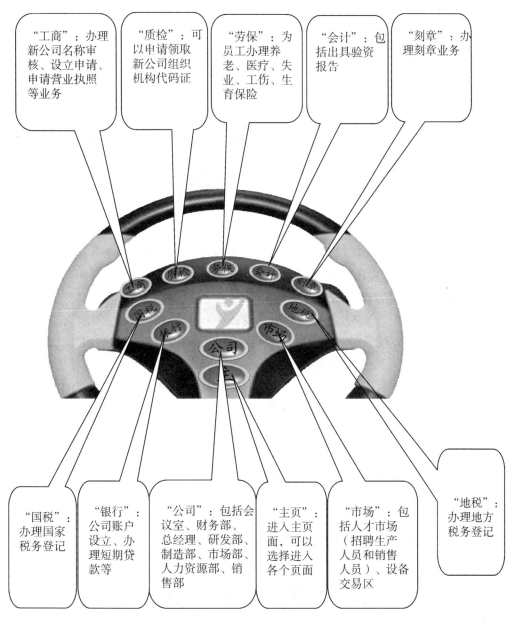

图 1-3-6　操作仪表盘界面

"工商"：办理新公司名称审核、设立申请、申请营业执照等业务

"质检"：可以申请领取新公司组织机构代码证

"劳保"：为员工办理养老、医疗、失业、工伤、生育保险

"会计"：包括出具验资报告

"刻章"：办理刻章业务

"国税"：办理国家税务登记

"银行"：公司账户设立、办理短期贷款等

"公司"：包括会议室、财务部、总经理、研发部、制造部、市场部、人力资源部、销售部

"主页"：进入主页面，可以选择进入各个页面

"市场"：包括人才市场（招聘生产人员和销售人员）、设备交易区

"地税"：办理地方税务登记

　　每幢楼的入口处有一个"进入"标志，鼠标移至此处，当出现提示"进入"时，点击鼠标左键，可以进入到相应的场景；或者通过操作仪表盘的快捷方式进入。

第二节　创业指导

　　打开"创业之星（学生）"，输入登录口令（即密码），选择自己注册的名字，点击"登录"。进入主界面，点击主界面下方的操作仪表盘正中间的"创业指导"进入

"创业指导中心",在创业指导中心有"创业能力测评""创业案例分析""创业优惠政策"。

一、创业能力测评

进入"创业指导中心",点击"创业能力测评"进入后,在左边的功能区有"创业基础意识测评""创业综合能力测评""创业性格特质测评"。如点击"创业基础意识测评",则会出现试卷名称、题量、建议用时、内容简述。其中内容简述为蓝色字体,点击右方蓝色字体,则会出现"开始测试""返回列表"。点击"开始测试"即进入测试界面,点击"返回列表",则会显示上一步骤的界面。

二、创业案例分析

点击主界面下方的操作仪表盘正中间的"创业指导",回到"创业指导中心";点击"创业案例分析",左边功能区有"创业案例搜索"和"创业案例分析";点击"创业案例搜索"在窗口右边会出现"请输入关键字""选择行业""全文检索";点击"选择行业"会出现"信息技术行业、电子商务行业、商业服务行业、文化娱乐行业、加工制造行业、商业流通行业、农林流通行业、其他行业"的下拉列表框,选择后点击"全文检索"则可见创业案例的具体内容。点击"创业案例分析"可见所有的案例,每个案例结束后有一个"返回"按钮,直接点击"返回"可回到所有案例的界面。已经查看后的案例,会显示另一种颜色。

三、创业优惠政策

点击主界面下方的操作仪表盘正中间的"创业指导",回到"创业指导中心";点击"创业优惠政策",左边功能区有"创业政策""创业论坛";点击"创业政策",在右边出现各省市的创业政策,也可以有针对性地查看某一省市的创业政策;点击右边的下拉列表,选择需要查看的城市创业政策。

第三节 公司设立流程

注册成立公司的整个流程:创业大厦租赁办公场地—"公司"的"会议室"完成"创业计划书""公司章程"—工商行政管理局"名称预先核准"处完成"指定代表证明""名称预先核准"—工商行政管理局"公司设立"中完成"公司发起人确认书""法定代表人登记表""公司股东名录""公司董事、监事、经理情况"—银行"股东资金存款"—会计师事务所"验资"—工商行政管理局"公司设立"中完成"公司设立申请表"—工商行政管理局"申请营业执照"—刻章店"刻章"—质量技术监督局"申请组织机构代码"—国税登记—地税登记—银行"开设基本存款账户"—人力资源和社会保障局进行"社会保险登记"与"社会保险开户"—公司成立。

一、租赁办公场所

在主场景中点击"创业大厦"大楼前的"进入"标识或点击操作仪表盘上的"公司"后进入的第一个页面，显示"欢迎来到创业大厦物管中心"界面，出现"您未租赁办公室，无法进入大厦，您需要现在租赁办公场所吗"。如果点击"确定"，进入房屋租赁合同界面。此页面的右下角乙方负责人处有一个"笔"的图标（此图标下方的"签订日期"已有，可以不管），点击"笔"图标，出现确认提示框"确定租赁办公场地"。如果点击"确定"，则会出现"办公场地租赁成功！贵公司的地址为：创业大厦×座×楼×室，请前往公司完成创业计划、公司章程"，点击"确定"，可以查看房屋租赁合同。特别提示：需要记下公司的地址，后面填表时公司的经营地、住所地均填写此地址。

二、撰写创业计划和公司章程

（一）公司内部界面

关闭"房租租赁合同"界面窗口。点击"创业大厦"前的"进入"标识或直接点击页面下方正中间操作仪表盘上的"公司"，直接快速跳转到公司场景，即进入公司内部界面。整个界面分为上半部分和下半部分。

1. 上半部分

上半部分是公司内部主界面，在公司内部中有"会议室、财务部、总经理、制造部、市场部、研发部、销售部、人力资源部、原料仓库、生产车间、成品仓库"。此界面的职能部门是模拟一家典型的制造企业相关的各职能部门，点击各部门可决策或查询实时信息。

会议室：可写或查看创业计划书、经营计划、公司章程等。特别提示：在公司注册前必须完成"公司章程"。

财务部：可进行现金预算、并查看企业实时现金、资产等变化情况。

总经理：可查看各部门实时经营汇总数据，可综合分析查询或行业趋势分析。

制造部：包括原料采购、厂房购置、设备购置、资质认证、生产工人、订单交付以及本部门经营数据查询。

市场部：包括市场开发、广告宣传以及本部门经营数据查询。

研发部：包括产品设计、产品研发以及本部门经营数据查询。

销售部：包括销售人员、产品报价以及本部门经营数据查询。

人力资源部：包括签订合同、解除合同、员工培训以及本部门经营数据查询。

原料仓库：包括原材料库存情况以及原料价值、原料出售等。

产品仓库：可管理公司库存产品等。

2. 下半部分。

下半部分有聊天窗口、操作方向盘等。

下半部分的左下角（此处的方向及后面将提到的方向均指我们面向电脑时，在我们的左边或右边）是"聊天窗口"，输入要说的话，按回车键，在场景内的所有玩家都可看到你所说的话。

中间是操作仪表盘，可便捷地切换场景。点击操作仪表盘上的"主"可以回到主场景界面。

面向方向盘的右边从上到下分别是：当前时间、公司现金、公司地址、系统帮助、小组名称、小组成员信息、编辑个人信息。

当前时间：第×季度。现金：600 000.00元。小组名称：自己所在的小组或公司。

系统帮助：包括创业筹备（创业计划、创业准备、创业管理）、模拟经营的商业背景等。在创业准备中，可以查看公司注册的流程及所需要完成的所有项目。

小组成员信息：可查看小组成员身份证。

编辑个人信息：此处只能选择角色和更改个人形象，无法更改编辑其他信息，比如所归属的小组（公司）。在角色处，点击下拉列表显示以下角色："总经理（CEO）、人力资源总监（CHO）、技术总监（CTO）、市场总监（CMO）、生产总监（CPO）、财务总监（CFO）、销售总监（CSO）"，选择一个自己的角色，同时可以更改个人形象，最后点击"保存"即可。

下半部分的右下角有"背景音乐""退出游戏"。背景音乐：可以开启或关闭背景音乐。

（二）撰写创业计划

租赁完成办公室场地，关闭租赁界面后，点击操作仪表盘上的"主"，再点击"创业大厦"前的"进入"标识或直接点击操作仪表盘上的"公司"进入公司内部，点击"会议室"，在左边功能区有"××（本人数据）""创业计划""经营计划""公司章程"。点击"创业计划"，左边不变，在右边则出现空白的创业计划书空白文档窗口，在空白文档的上方有"创业计划书"和"参考模板"两个标签，中间有设置文档的样式、字体及大小等工具栏。点击"创业计划书"标签则为创业计划书撰写窗口，点击"参考模板"标签则出现一个可以参考的创业计划书。当然这一参考模板仅仅是创业计划书的大概框架结构，没有具体的内容，每一部分具体内容需要自己按照实际情况去补充完整。如果不知道如何撰写创业计划书时，可以点击"参照模板"，查阅参考。编写完创业计划书后，点击下方的"保存"会出现"商业计划书保存成功，请继续撰写公司章程"。如果没有填写内容，直接点击"保存"，则此页就是空白，再次填写并保存，此页仍然是空白页面。

（三）撰写公司章程

本实验中"公司章程"必须填写。在公司设立时、办理税务登记等操作时需要用到"公司章程"，如果没有则无法进行操作。

创业计划书完成后直接点击左边功能区的"公司章程"，当窗口右边出现公司章程的空白文本编辑窗口时，即可进行公司章程的撰写和编辑。在文本编辑窗口的上方有"拟定公司章程"和"参考模板"两个标签，标签下方有设置文档样式、字体、大小等工具栏。填写时可将"参考模板"中的"×××有限公司章程"复制粘贴在文本编辑窗口中，并将"参考模板"中的空白处补充完整，完成公司章程的撰写后，点击右下角全体股东签名处的"笔"图标，则会出现确认提示框"确定签名吗"。如果点击"确定"，则显示"公司章程保存成功！请前往工商行政管理局办理名称审核义务"，再次点击"确定"。如果没有填写任何内容直接点击"笔"图标签名，以后虽然可以在此文本框内填写内容，但是无法签名。当关闭当前页面后再回来，此处仍然为空白。到后期需要公司章程而自己没有时，如果要继续注册成立公司，则需要请教师删掉自己注册的用户，重新注册新用户。

例：以"创业市星城科技有限公司章程"为例。

公司名称：创业市星城科技有限公司。

公司住所：创业市创业大厦×座×楼×室或根据自己的实际情况填写。

公司在工商行政管理局登记注册，公司经营期限为 10 年。

公司注册资本统一填写为 60 万元，并实行一次性出资。

公司固定组成根据公司的股东人数，分别将股东姓名、地址、出资数量、占注册资本的比例以及出资时间按实际情况填写在表中，出资时间填写为填表当天。例如，股东有 2 人，每人出资 30 万元，则各占注册资本的 50%。一般情况下，第一个股东是法定代表人，其住址为法定地址，括号内的分期付款出资情况部分可以直接删除。

股东会议为定期会议，一年召开 1 次，时间为每年 11 月份；股东会的其他决议必须经代表 1/2 以上表决权的股东通过方为有效；公司不设监事会，设监事 1 人。

公司的法定代表人由××（此处填写自己的姓名即可）担任。

本章程原件一式，总数量为"股东数量+3"份，按照下列原则分配，每个股东各持一份，送公司登记机关一份，验资机构一份，公司留存一份。

三、工商注册

（一）公司名称核准

当公司章程完成后，关闭公司章程界面，再点击操作仪表盘上的"主"字回到主场景界面，在主场景中点击"工商行政管理局"进入标识或点击操作仪表盘上的"工商"快速进入工商行政管理局，会看到"工商行政管理"有三个办事窗口分别是"名称核准""公司设立""申领营业执照"。公司是先有名称后成立，因此，先进行名称核准，进入工商行政管理局内部，点击最左边的"名称核准"。弹出窗口的左边功能区显示"××（本人数据）、名称预先核准、指定代表证明、公司注册进度、相关法律法规"，右边出现"欢迎到工商行政管理局办理事务"。在进行名称核准之前先要指定代表证明。

1. 指定代表证明

点击"工商" > "名称核准"，点击左边功能区的第二个红色标签"指定代表证明"，出现"指定代表或共同委托代理人的证明"和"填写说明"标签；点击"指定代表或共同委托代理人的证明"标签后需要填写如下内容：

"指定代表者或者委托代理人"：建议为本人名字，填写本人姓名即可。

"指定或委托的有效期限"：填写"自 2011 年××年××月到××××年××月××日"。如果是老系统，此处的起止时间需要特别注意：一种方式是直接填写自"2011 年"开始，如果不填写 2011 年，在点击"签名"后系统会提示你指定代表的期限有问题；另一种方式则修改系统的时间。如果是新系统，此处的起止时间没有严格的要求。

在填写的过程中，如果不知道怎么填写，可以点击"填写说明"标签参看。在此之后，填写表格时均有相应的"填写说明"或"填表说明"。

点击右下角投资人处的"笔"图标，出现确认提示框"确定在指定代表或共同委托代理人的证明书上签名"。如果点击"确定"则会出现"你提交信息有错误，或者与之前提交的数据不符"字样，回到"指定代表证明"界面后，同时会发现"指定代表或者委托代理人：志华 i"，可以把鼠标移到"ⓘ"上，会提示错误信息如"指定代表或者委托代理人为本人名称"，然后根据错误信息进行修改（此处如果出现这样的情况是由于在"公司章程"处没有填写）。修改后，再次点击"笔"图标，则会出现提示框"指定代表设立成功！请继续填写名称预先核准！"，点击"确定"。

2. 进行名称预先核准

点击"工商" > "名称核准" > 点击左边功能区的第一个红色标签"名称预先核准"。如果在应提交的材料下方显示："Ⓥ 身份证，⊘ 指定代表证明"，表示"身份证"已经有了，但"指定代表证明"还没有完成，因此，应先去完成"指定代表证明"再来填写此表。如果执意填写，提交不通过，所填写的信息也没有了，以后回到此界面仍然需要重新填写。

提示：在以后注册办事的过程中，填写表格时，请首先审查所需的材料是否已经齐备，如果材料不齐则会显示"⊘"标识，那么就请先去完成显示"⊘"的部分，再来完成当前界面的信息填写。"名称预先核准"表格的填写参考如下：

申请公司名称：填写自己取的公司名字，小组内部各个成员所取的公司名称可以不相同，此处的公司名称与公司章程中的公司名称可以不同。如创业市××××有限公司，则填××××就行了，而且长度不能超过 5 个汉字，不能填写英文字母或者数字。公司名称一般为：行政区划+字号+行业特点+组织形式。如创业市天腾科技有限公司。同时特别注意，在填写公司名称时是否有空格符号，如果此处有空格符号，在以后所有需要填写公司名称处都必须要加上空格符号。

备选公司名称：填写要求跟上面一样（公司名称不可重复填写），可以只填写一个备选名称即可。

经营范围：填写公司经营的范围，如玩具制造或其他。可以填写公司章程中的经营范围，也可以与公司章程中的经营范围不同，系统中相互不影响。但以后填写经营范围时需要与此处相同。

注册资本（金）：600 000 元，不能写成 60 万元。

企业类型：有限公司或有限责任公司

住所地：必须填写"创业大厦××座××楼××室"。查看方法：（可以在公司>总经理>公司资料>筹备文件>房屋租赁中查到）或者直接在"操作仪表盘"的右上方可见。

投资人姓名，身份证号，投资额：填写小组或公司所有成员的姓名、相应的身份证号码、投资额，后面的投资比例是自动生成的。以上所有的信息填写完成后，点击

"保存"，出现确认提示框"确定要核准名称吗"。如果点击"确定"，则会出现提示"名称核准成功！贵公司审核名称为：××××！请在工商行政管理局办理公司设立业务！"点击"确定"。关闭名称预先核准窗口，回到工商行政管理局。

提示：

（1）如果对填表有什么法律疑问，可以点击"相关法律法规"，进行相关法律法规的查询。点击左边功能区的"公司注册进度"，可以查看自己已经完成了哪些项目，还有哪些未完成，绿色勾"Ⓥ"表示已经完成，红色勾"⊘"表示未完成。

（2）填表保存后，如果在投资人姓名处出现"ⓘ"，可回到"指导代表证明"页面找到该股东的身份证进一步核对身份证号是否正确。在后面的注册过程中，凡是填写完成"提交"或"签字"或"盖章"之后，出现"ⓘ"，表示此处信息填写有错，需要修改。

（3）查询同公司其他股东成员信息的方法。以查询身份证信息为例，在"工商行政管理局"的"名称审核"窗口中，点击左边功能区"××（本人数据）"后面向下的箭头，出现本公司所有股东姓名。选择所需查询的公司股东成员姓名，在点击左边功能区的"指定代表证明"，在右边窗口即可见被查询者的身份证信息。"××（本人数据）"显示出来的就是你现在登录的股东的数据，在以后办理注册的每个窗口均可查询同公司其他股东的相关信息。

（二）公司设立申请

进入"工商行政管理"界面，点击"公司设立"，出现"欢迎到工商管理局办理事务"界面。此界面左边功能区："×××（本人数据）"、公司设立申请、发起人确认书、法定代表人登记、公司股东名录、董事经理情况、指定代表证明、公司注册进度、相关法律法规。

点击左边功能区的"公司设立申请"则出现公司设立申请界面，在公司设立界面中有应提交的材料，见图1-3-7。此处需依次完成以下内容："公司发起人确认书""法定代表人登记""公司股东名录""公司董事、监事、经理情况""验资报告""公司设立申请"。

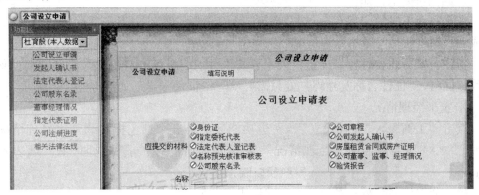

图1-3-7 公司设立申请所应提交的材料

1. 公司发起人确认书

点击"工商">"公司设立"，点击左边功能区第二个红色标签"公司发起人确认书"，点击"执行董事签字"处的"笔"图标，则会出现确认提示框"确定签名吗"。如果点击"确定"，则显示"请继续签名!"。回到"发起人确认书"界面，点击"公司法定代表人签字"处的"笔"图标，再次出现"确定签名吗"，如果点击"确定"，则显示"请继续签名"；再次"确定"，回到"发起人确认书"界面，点击"创业市×××有限公司全体股东签字"处的"笔"图标，点击"确定"；再次"确定"后出现"股东确认书确认成功!请填写法定代表人登记!"，点击"确定"。

2. 法定代表人登记

点击"工商">"公司设立">左边功能区的第三个红色标签"法定代表人登记"，出现"法定代表人登记表"。填表参考如下：

姓名：写自己的名字即可。

是否公务员：否。

填写职务：（填写在公司担任的职位）如董事长。

联系电话：必须要填写。

任免机构：（可以不填）点击法定代表人签字处的"笔"图标，出现"确定签名吗"。如果点击"确定"，则会出现"指定法定代表人登记成功!请继续填写公司股东名录!"，点击"确定"。

3. 公司股东名录

点击"工商">"公司设立">左边功能区的第四个红色标签"公司股东名录"，出现股东名录表。填表参考如下：

股东（发起人）名称或姓名：全体出资人的名称。

证件名称及号码：只需要填写证件号码。

认缴出资额（元）：600 000元。

出资方式：货币；持股比例（%）是自动生成的。

实缴出资额（元）：600 000元，此处是自动生成的。

出资时间：可以填写填表当天，此处也可以不填。

余额交付期限：如果无，则可以不填写。

点击页面下方的"保存"，则会出现"确定要提交吗?"。点击"确定"，显示"提交成功!请继续填写董事经理情况!"，点击"确定"。

备注：填写此表时容易出错，大家要特别注意，姓名和身份证号必须与前面保持一致；同时，"证件名称及号码"处只需要填写"证件号码"如身份证号码即可。

4. 董事经理情况

点击"工商">"公司设立">左边功能区的第五个红色标签"董事经理情况"，出现"××××董事、监事、经理情况"表（此页面没有"填写说明"）。填表参考如下：

第一个"姓名"处：系统已经自动生成了一个名字。

职务：如董事长。

后面还有"姓名"和"职务"的可以填写也可以不填写。

点击"保存",则会出现"确定提交吗?"。如果点击"确定",则会出现"提交成功!请前往银行办理股东资金存款业务",再次点击"确定"。

四、注资验资

(一) 注资

关闭工商行政管理局"公司设立"的界面,点击操作仪表盘上的"主"进入主场景,点击"创业银行"进入标识或者点击操作仪表盘上的"银行",进入银行界面,选择"对公业务"出现"欢迎到本银行办理相关事务",该页面左边功能区有"××(本人数据)、股东资金存款、开设银行账户、公司注册进度"。点击左边功能区的第一个红色标签"股东资金存款",在右边出现"股东资金存款",下方有个蓝色底的文本框,上面写有"注入资金",点击此蓝色文本框,出现"确定注资吗?"。如果点击"确定",则会出现"资金注入成功!请前往会计事务所办理验资业务!",再次"确定",则会出现"注册资本实收情况明细表"(见图1-3-8)。此表上方有"开户银行名称:创业市创业银行。银行账号:××××××××××。开户银行日期:××××-××-××"。

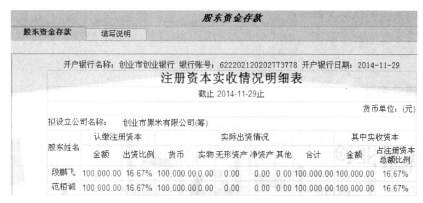

图1-3-8　股东资金存款

特别提示:请记住此处的开户银行名称和银行账号(此账号为公司的临时存款账号),在国税、地税登记时需要。

(二) 验资

关闭"股东资金存款"界面,点击操作仪表盘上的"验资"或点击操作仪表盘上的"主"回到主场景中点击"会计师事务所"大楼的进入标识,进入"创业会计事务所",点击"验资",则会出现"欢迎到会计师事务所办理事务",此界面左边功能区有"××(本人数据)、出具验资报告、公司注册进度"。点击左边功能区的第一个红色标签"出具验资报告",在右边会出现如图1-3-9所示的"验资报告";点击下方的"提交",则会出现"确定验资吗?"。如果点击"确定",则会出现"验资成功!请前往工商行政管理局办理公司设立业务",点击"确定",可以查看盖有"创业市会计师事务所"公章的"创业市×××有限公司验资报告""注册资本实收情况明细表""验资事项说明"。

图 1-3-9　出具验资报告

特别提示：①在出具验资报告页面（见图 1-3-9）上如果没有找到"提交"，请将窗口右边的滚动条下拉，直到"提交"出现为止，点击即可。②到此页可能会出现提示"股东尚未注资请去银行注资"，但是"银行"显示的是"已注资"。出现这样的情况可能是因为在"公司章程"的"第八章附则"中"法人股东盖章"处没有签名，或其他原因。

五、公司设立申请表

关闭验资报告页面，点击操作仪表盘上的"主"回到主场景；点击"工商行政管理"大楼前的"进入"标识或者直接点击操作仪表盘上的"工商"，进入工商行政管理局；点击"公司设立" > "公司设立申请"，则会出现"公司设立申请表"，见表 1-3-1。

表 1-3-1　　　　　　　　　　公司设立申请表

名　称	创业市××××有限公司		
住　所	创业大厦××座××楼××室	邮政编码	614000
法定代表人姓　名	自己的姓名	职　务	董事长
注册资本	600 000（元）	公司类型	有限公司
实收资本	600 000（元）	出资方式	货币
经营范围	自己填写即可，如玩具制造		
营业期限	系统已经自动生成		
备案事项	无		
本公司依照《中华人民共和国公司法》《中华人民共和国公司登记管理条例》设立，提交材料真实有效。谨此对真实性承担责任。 法定代表人签字：　　　　　　　　　　　　指定代表或委托代理人签字： 　　年　月　日　　　　　　　　　　　　　　　　　　　　　年　月　日			

将表1-3-1填写完成后，点击"法定代表人签章"的"笔"图标处，则会出现"确定设立公司吗？"。如果点击"确定"，则会出现"公司设立成功！请在工商行政管理局办理申请营业执照业务"，再次点击"确定"。

六、申领营业执照

关闭"公司设立申请"窗口，点击操作仪表盘上的"主">"工商行政管理局"大楼前的"进入"标识或者点击操作仪表盘上的"工商"，进入工商行政管理局；点击"申请营业执照"，则会出现"欢迎到工商行政管理局办理事务"，左边功能区有"××（本人数据）""办理营业执照""公司注册进度""相关法律法规"；点击左边功能区的第一个红色标签，则会出现"企业登记颁证及归档记录表"。此表填写参考如下：

企业名称：创业市××××有限公司。

登记类型：股份合作企业或其他企业均可。

日期：填写当天即可。电话：必须要填写。其余的项目系统已经自动生成。归档情况：可以不填写。填写完成后点击"提交"，则会出现"确定要办理营业执照吗？"。如果点击"确定"，则会出现图1-3-10，再次点击"确定"即可。

图1-3-10

图1-3-11

七、刻制公章

关闭"办理营业执照"窗口，点击操作仪表盘上的"主"进入主场景，走到"刻章店"，点击"进入"，或点击操作仪表盘上的"刻章"，则会出现"小陈刻章"，点击"刻章"，左边功能区有"××（本人数据）""刻制公司印章""公司注册进度"，点击"刻制公司印章"，点击蓝色底文本框中的"提交"，则会出现"确定申请刻制印章吗？"，如果点击"确定"，可以看见公司章、公司财务专用章、公司法定代表人章（自己名字的印章）。备注：有时公章在此处无法显示。

八、组织机构代码

关闭"刻制公司印章"窗口，点击操作仪表盘上的"质监"或点击操作仪表盘上的"主"进入主场景，点击"质量技术监督局"大楼前的"进入"标识，则可进入

"质量监督局",点击"申请组织机构代码",则会出现"欢迎到技术质量监督局办理事务",左边功能区有"××(本人数据)""办理机构代码""公司注册进度"。点击左边功能区的第一个红色标签"办理机构代码",则会出现"组织机构代码证申请表"。此表填写参考如下:

机构名称:创业市××××有限公司。

法定代表人:自己的名字。

证件号码:法定代表人的身份证号。

所在地区:填写公司所在的地区——创业市。

机构地址:填写公司租赁的地址——创业大厦××座××楼××室。

成立日期:填写公司在工商行政管理局注册的时间(填表的当天)。

注册资金:600 000.00 元

邮政编码:614000。

公司电话、电子邮件:自行填写即可。

传真:一个座机号码即可。

经营范围:如玩具制造等。

点击"提交",则会出现"确定要申请组织机构代码证吗?"。如果点击"确定",则会出现"组织机构代码证申请成功!请前往国税局办理税务登记业务",再次点击"确定"。

九、办理税务

关闭"办理机构代码"窗口,点击操作仪表盘上的"主"进入主场景,点击"国家税务局"或者"地方税务局"大楼前的"进入"标识或直接点击操作仪表盘上的"国税"或"地税"。

特别提示:办理税务登记时,一定先办理"国税",再办理"地税"。如果跳过"国税",直接进入"地税"界面,则无法输入任何信息,也无"提交"按钮。

(一)办理国家税务

首先,点击"国家税务局"大楼前的"进入"标识或直接点击操作仪表盘上的"国税">出现"国家税务局",点击蓝色底文本框中的"税务登记",则会出现"欢迎到税务局办理事务",此页面左边的功能区有"××(本人数据)、税务登记(国税)、领登记证(国税)、公司注册进度、相关法律法规"。点击"税务登记(国税)",则会出现"税务登记表"。此表填写参考如下:

纳税人名称:创业市××××有限公司。特别提示此处是公司名称而非个人名字。

纳税人识别号:系统自动生成。

法定代表人:自己的名字。

身份证件名称:身份证。

证件号码:身份证号码。

注册地址:创业大厦××座××楼××室。

生产经营地址：创业大厦××座××楼××室。

生产经营范围——主营：如玩具制造。兼营：可以不填。

所属主管单位：可以不填。

工商机关名称：创业市工商行政管理局。

营业执照名称：企业法人营业执照。

营业执照序号：系统自动生成。

发照日期：填表当天。

有效期限：系统自动生成。

开业日期：自行填写。

开户银行名称：创业市创业银行。

银行账号：企业注资时生成的临时存款账号，可在"银行">"股东资金存款"处查询。

币种：货币。

是否缴税账号：是。

从业人数：自行填写。

经营方式：自产自销。

行业：制造业。

注册资本：600 000 元。

注册资本币种：人民币。

其余均可不用填写。填写完成在法定代表人（负责人）盖章处和纳税人处，点击公章，则会出现"确定要登记税务吗?"。如果点击"确定"，则会出现"国税登记成功！请前往地税局办理税务登记业务"。

特别提示：在填写此表之前建议大家先将开户银行名称、银行账号统一记录后，再填写。如果有必须填写项目但未填写或者是填写错误，点击"公章"确定后，则会出现"i"标识，此时则需进一步更改"ⓘ"标识处的信息。

然后，领取税务登记证（国税）。点击左边功能区的"领登记证（国税）"，即可得到一张盖有国家税务局公章的税务登记证（见图 1-3-12）。此税务登记证右上方上的"创联税字×××××××号"，请大家将此税字号记下，在填写"开立单位银行结算账户申请书"和"用人单位社会保险登记表"均需要。

（二）办理地方税务

关闭"领登记证（国税）"界面，点击操作仪表盘上的"主"进入主场景，点击"地方税务局大楼"前的"进入"标识或点击操作仪表盘上的"地税"，则会出现"地方税务局"，点击"税务登记"，则会出现"欢迎到税务局办理事务"页面，此页面左边功能区有"××（本人数据）、税务登记（地税）、领登记证（地税）、公司注册进度、相关法律法规"。点击左边功能区的"税务登记（地税）"，出现"税务登记表"。此表的信息已经在国税登记时填写过，因此，只需要确认信息，点击"提交"，则会出现"确定要登记税务吗?"。如果点击"确定"，则出现"地税登记成功！请前往银行办理

图 1-3-12　税务登记证

银行开户业务！"。

点击左边功能区的"领登记证（地税）"，可领取、查看地方税务登记证，此税务登记证盖有创业市国家税务局公章和创业市地方税务局公章。此税务登记证上的创联税字×××××××号，与国家税务登记证上的相同。

十、开设银行基本账户

关闭"领登记证（地税）"窗口，点击操作仪表盘上的"主"进入主场景，点击"创业银行"大楼前的"进入"标识，或点击操作仪表盘上的"银行"，快速进入创业银行，点击"对公业务"窗口，进入"欢迎到本银行办理相关事务"界面，左边功能区有"×××（本人数据）、股东资金存款、公司注册进度"；点击左边功能区的第二个红色标签"开设银行账户"，进入"开设银行账户"界面，则会出现"开立单位银行结算账户申请书"。此处的填写参见表 1-3-2。

表 1-3-2　　　　　　　　　　开立单位银行结算账户申请书

存款人	创业市××××有限公司 此处是公司名称非个人名字		电话		
地址	创业大厦××座××楼××室		邮编		614000
存款人类别	机构存款	组织机构代码	系统自动生成		
法定代表人 □ 单位负责人 □	姓名		自己的名字		
	证件种类		身份证	证件号码	
行业分类	A（□）　B（□）　C（√）　D（□）　E（□）　F（□）　G（□） H（□）　I（□）　J（□）　K（□）　L（□）　M（□）　N（□） O（□）　P（□）　Q（□）　R（□）　S（□）　T（□）				
注册资金	600 000	地区代码			

表1-3-2（续）

经营范围	如玩具制造			
证明文件种类		证明文件编号		
税务登记证编号	"国税>领登记证（国税）"中查询			
账户性质	基本（☑）　一般（□）　专用（□）　临时（□）			
资金性质		有效日期至	年　月　日	
以下为存款人上级法人或主管单位信息：				
上级法人或主管单位名称				
基本存款账户开户许可证核准号		组织机构代码		
法定代表人	□	姓名		
单位负责人	□	证件种类	证件号码	
以下栏目由开户银行审核后填写：				
开户银行名称		开户银行代码		
账户名称		账号		
基本存款账户开户许可证核准号		开户日期		

本存款申请开立单位银行结算账户，并承诺所提供的开户资料真实、有效。 存款人（公章） 　年　月　日	开户银行审核意见： 经办人（签章） 银行（签章） 　年　月　日	人民银行审核意见： （非核准类账户除外） 经办人（签章） 人民银行（签章） 　年　月　日

　　表1-3-2的其余空白处可以不填，然后在存款人（公章）处点击"公章"，则会出现"确定提交开立单位银行结算账户申请书吗？"。如果点击"确定"，则会出现"银行开户成功！贵公司账户为：＊＊＊＊＊＊＊＊＊＊＊＊＊＊＊＊＊＊＊，请前往劳保局办理社会保险登记业务！"（见图1-3-12）。

　　特别提示："开立单位银行结算账户申请书"填写完成，"盖章""确定"后，点击此页面左边功能区的"股东资金存款"，则会出现一个界面。此界面与前面股东资金存款后显示的界面类似：开户银行名称（创业市创业银行）相同，但是银行账号不同：注册验资时的账号是临时存款账号，开立单位银行结算账户完成后的账号是基本存款账号。在此次实验课程中，两个账号位数相差一位，两个账号前面的数字和后面的数字均相同，仅有中间几位数字不同。请将此处的单位基本存款账号记下来，因为在"用人单位社会保险登记表"和"企业社会保险开户登记表"处均需要此账号。

十一、社会保险

关闭"股东资金存款"界面，点击操作仪表盘上的"主"进入主场景，点击"人力资源和社会保障局"大楼前的"进入"标识，或点击导航仪表盘上的"社保"快速进入人力资源和社会保障局。

（一）社会保险登记

进入"人力资源和社会保障局"，点击第一个"社会保险"（最左边的那个，提示：为员工办理养老、医疗、失业、工伤、生育保险），则会出现"欢迎到人力资源和社会保障局办理事务"界面，左边功能区有"××（本人数据）、社会保险登记、社会保险开户、公司注册进度、相关法律法规"；点击左边功能区的第一个红色标签"社会保险登记"，则会出现"用人单位社会保险登记表"。此表的填写参见表1-3-3。

表 1-3-3　　　　　　　　　用人单位社会保险登记表

缴费单位名称		创业市××××有限公司		电话		
单位住所（地址）		创业大厦××座××楼××室			邮编	614000
社会保险企业编号		税务登记证号		"国税>领登记证（国税）"中查询		
工商登记执照信息	执照种类	企业法人营业执照				
	执照号码	系统已自动生成				
	发照日期	发照当天				
	有效期限	10 年				
批准成立信息	批准单位					
	批准日期					
	批准文号					
法定代表人或负责人	姓名	自己的姓名				
	身份证号					
	电话					
缴费单位经办人	姓名					
	所在部门					
	电话					
单位类型		有限责任公司		隶属关系		
主管部门或总机构						
开户银行		创业市创业银行		户名	创业市××××有限公司	
银行基本账号		可去"银行">"股东资金存款"中查询				

表1-3-3（续）

参加险种及日期	参加险种	参保日期	社会保险经办机构名称
	养老保险	年　月	
	医疗保险	年　月	
	工伤保险	年　月	
	生育保险	年　月	
所属分支机构信息	负责人	名称	地址
有关数据	20 年末职工人数　人		
	20 年末退休人数　人		
	20 年全部职工工资总额　万元		
	20 年职工平均工资　元/年		
社会保险经办机构审核意见			

表 1-3-3 中的空白处可以不用填写，完成后，点击"提交"，则会出现"确定要办理社会保险登记吗？"。点击"确定"，如果没有任何错误时，再次点击"确定"则会出现"社会保险登记成功！请继续办理社会保险开户业务！"。在点击"确定"后，如果出现"提交信息有错误，或者与之前提交的数据不符！"，此时则须回到刚才的界面，在"i"标识处修改信息。

提示：

（1）社会保险登记时，办理社会保险处的是基本存款账号，查询方法"银行>股东资金存款"。"工商营业执照号码"在此表中是自动出现的，无需记忆。但税务登记号码需要记忆，可去"国税>领登记证（国税）"或者"地税>领登记证（地税）"中查询。

（2）填写此表时，如果未提交直接离开此页面，那么此页面中刚才所填写的信息都没有了。再次回到此页面时，需要全部重新填写。因此，填写此表时有两种方式：一种方式是将所需信息记录好以后才进行填写；另一种方式是在未填写完成时仍然点击"提交"，则会提示"提交信息有错误，或者与之前提交的数据不符！"，这时去查到自己所需的信息时，再回到此页面，只需要在"i"处进行修改即可，其他正确的信息仍然存在，无需重新填写。

（二）社会保险开户

关闭"社会保险登记"界面，点击左边功能区的第二个红色标签"社会保险开户"，则会出现"企业社会保险开户登记表"。此表的填写参见表1-3-4。

表 1-3-4 企业社会保险开户登记表

企业社会保险开户登记表		
单位编号		
单位名称（章）	创业市××××有限公司	
单位类别（性质）	有限责任公司	
主管部门或机构		
开户银行	创业市创业银行	
账号	基本存款账户，可去"银行"＞"股东资金存款"中查询	
单位地址	创业大厦××座××楼××室	
邮政编码	614000	
法定代表人（负责人）	自己的姓名	
身份证号	自己的身份证号	
劳资联系人		电话	
财务联系人		电话	
组织机构代码	系统已自动生成	
营业执照号码	系统已自动生成	
税号（地）	系统已自动生成	
备注		
社会保险经办机构审核意见		

在"填报人"处有"笔"图标，点击此图标，则会出现"确定要办理社会保险开户吗？"。点击"确定"后如果出现"提交的信息有错误或者与之前提交的数据不符"，再次点击"确定"后，在银行账号处会出现"i"，表示银行账号错误。在此处进行修改，修改后，再次点击"笔"图标，则会出现"确定要办理社会保险开户吗？"。如果点击"确定"，则出现"恭喜您！您申请的公司已经完成全部注册手续，公司已经正式成立。所有注册流程的资料可以在公司内部'总经理—公司筹备资料'位置进行查询。接下来即将进入公司运营阶段，请做好公司发展规划及运营准备。祝您的公司业绩蒸蒸日上，生意兴隆！"，点击"确定"。

点击"公司注册进度"，弹出的窗口中注册流程里的所有项目下方都有了绿色的对号，标识所有的项目均已完成。至此，已完全完成公司工商税务登记所有流程工作，公司正式成立。查看自己是否完成也可以在公司"总经理"办公室查询，有"完成率""出错率"及"得分"。

第四章 补充知识

在创业准备中，使用的银行账户有两种：一种是注册验资的临时存款账户（国税、地税登记时使用）；另一种是基本存款账户（社会保险登记与社会保险开户以及后期经营所用）。

银行结算账户又称人民币银行结算账户，是指存款人（单位或个人）在经办银行开立的办理资金收付结算的人民币活期存款账户。

一、银行结算账户的分类

（一）按存款人不同，银行结算账户可以分为单位银行结算账户和个人结算账户

个体工商户凭营业执照以字号或经营者姓名开立的银行结算账户纳入单位银行结算账户管理。

个人银行结算账户是指存款人凭个人身份证件以自然人名称开立的银行结算账户。邮政储蓄机构办理银行卡业务开立的账户（个人支付）也纳入个人银行结算账户管理。

（二）按用途不同，银行结算账户可以分为基本存款账户、一般存款账户、专用存款户和临时存款账户四种

二、临时存款账户

临时存款账户是指存款人临时需要并在规定期限内使用而开立的银行结算账户。

下列情况，存款人可以申请开立临时存款账户：设立临时机构；异地临时经营活动；注册验资。

存款人申请开立临时存款账户时，应填制开户申请书，提供相应的证明文件；银行应对存款人的开户申请书填写的事项和证明文件的真实性、完整性、合规性进行认真审查；银行应将存款人的开户申请书、相关的证明文件和银行审核意见等开户资料报送中国人民银行当地分支行，经对申报资料进行合规性审查，并核准后办理开户手续。该核准程序与基本存款账户的核准程序相同。核准后，发给存款人临时存款账户。

注册验资的临时存款账户在验资期间只收不付。注册验资的资金汇缴人应与出资人的名称一致。

三、基本存款账户

基本存款账户是指存款人因办理日常转账结算和现金收付需要开立的银行结算账户。存款人只能选择一家金融机构开立一个基本存款账户，不能多头开立基本存款

账户。

（一）基本存款账户的使用范围

基本存款账户是存款人的主办账户。开立基本存款账户是开立其他银行结算账户的前提。

该账户主要办理存款人日常经营活动的资金收付，以及存款人的工资、奖金和现金的支取。

一个单位只能选择一家银行的一个营业机构开立一个基本存款账户。不能多头开立基本存款账户。

（二）基本存款账户的开户要求

凡是具有民事权利能力和民事行为能力，并依法独立享有民事权利和承担民事义务的法人和其他组织，均可以开立基本存款账户。如个体工商户、单位附属独立核算的食堂、招待所、幼儿园等，也可以开立基本存款账户。

提示：单位内部的非独立核算机构、异地临时结构不得开立基本存款账户。个体工商户可以开设基本存款账户，自然人不能开设基本存款账户。

（三）开立基本存款账户的程序

存款人填制开户申请书，提供规定的证件（证明文件）—开户银行审查—中国人民银行当地分支机构依法核准（2个工作日）—核发的开户许可证，即可开立该账户，并发予基本存款账户开户许可证。

根据《人民币银行结算账户管理办法》的有关规定，存款人申请开立银行结算账户时，应填制开户申请书，提供规定的证明文件；银行应对存款人的开户申请书填写的事项和证明文件的真实性、完整性、合规性进行认真审查，并将审查后的存款人提交的上述文件和审核意见等开户资料报送中国人民银行当地分支行，经其核准后办理开户手续。

中国人民银行应于2个工作日内对银行报送的基本存款账户的开户资料的合规性以及唯一性进行审核，符合开户条件的，予以核准；不符合开户条件的，应在开户申请书上签署意见，连同有关证明文件一并退回报送银行。

第二篇　模拟经营

第一章 企业模拟经营简介

　　《模拟经营》作为经管中心开出的素质教育课程之一，通过直观的企业经营沙盘来模拟企业运行状况，让学生在分析市场、制定战略、组织生产、整体营销和财务结算等一系列活动中体会企业经营运作的全过程，认识到企业资源的有限性，初步了解ERP的管理思想，领悟科学的管理规律，提升管理素质。

　　该实验融角色扮演、案例分析和集体讨论于一体，最大的特点是在"参与中学习"，学习过程接近企业现状，实习中会遇到企业经营中经常出现的各种典型问题。通过对问题的解决、体会，使得学生初步了解和认识企业各岗位的职责、范围、操作过程、管理业务流程、岗位之间的协作关系。通过和小组成员一起去寻找市场机会，分析规律，制定策略，实施全面管理，在各种决策的成功和失败的体验中，学习管理知识，掌握管理技巧，提高自身综合素质。

第一节 企业模拟经营物理沙盘简介

　　企业模拟经营沙盘分为物理沙盘和电子沙盘。物理沙盘的盘面分为财务中心、信息中心、物流中心、营销与规划中心和生产中心五个部分，见图2-1-1。

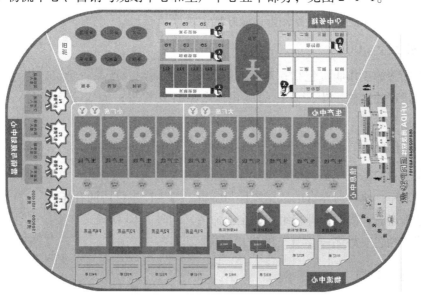

图2-1-1 企业模拟经营沙盘盘面

各职能中心覆盖了企业运营的所有关键环节，如战略规划、市场营销、生产组织、采购管理、库存管理、财务管理等，是一个制造企业的缩影。

第二节　组织准备工作

一、人员分组与职能定位

按照班级人数分为 7~8 个实习小组。首先分配实习角色，实习中的角色分为总经理、财务主管、市场主管、生产主管、采购主管、财务助理（辅助财务主管，主要做会计职能）。各角色的工作职责如下：

（一）总经理（CEO）

总经理的工作职责包括：制订和实施公司总体战略；制定和实施年度经营计划；负责控制企业按流程运行；负责团队建设及管理；考察每个人是否胜任岗位。

（二）营销主管（CMO）

营销主管的工作职责包括：市场调查与预测分析；制定市场销售策略；进行广告费投放；取得客户订单；负责按订单交货；负责督促货款回收。

（三）财务主管（CFO）

财务主管的工作职责包括会计职能和财务职能两部分。

（1）会计职能包括：负责日常现金收支管理；定期核查企业的经营状况；日常财务记账和登账；提供财务报表。

（2）财务职能包括：参与企业重大决策方案的讨论；负责企业的融资策略；控制企业成本费用；负责企业的财务分析；做好现金预算。

（四）运营主管（COO）

运营主管的工作职责包括：对企业的一切生产活动及产品负全责；生产计划的制订；生产过程的实施；生产资源的优化；产品研发管理；固定资产投资；成品库存管理。

（五）采购主管

采购主管的工作职责包括：负责各种原料的及时采购和管理；负责编制采购计划；负责原料入库；原材料库存的数据统计与分析；与生产主管协同合作。

角色确定后，需要给即将组建的企业命名，同时由 CEO 提交本实习小组任职名单，名单按照"角色—姓名—学号"的格式书写。

二、人员座位布局

按照盘面布局，参与实习学生分角色围坐在盘面周围，见图 2-1-2。

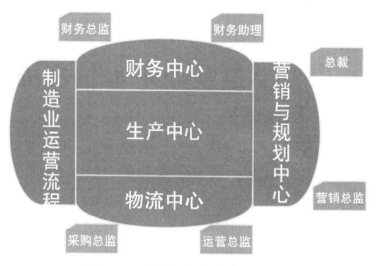

图 2-1-2　企业模拟经营沙盘盘面（局部）

第二章　模拟企业基本情况描述

第一节　企业背景

　　本实验模拟的是一个典型的生产制造型企业，正期待进入某行业生产 P 系列产品，初始资金由股东提供。各实验小组通过投资新产品的开发、开发新市场、建设现代化的生产基地、获取更多的利润、增强企业凝聚力、形成鲜明的企业文化来经营和发展本企业。

　　P 系列产品包括四种产品，按技术水平从低到高分别为：P1、P2、P3、P4。有权威机构对该行业的发展前景进行了预测，认为该行业市场前景很好。

　　P 系列产品面向的市场分为五个：本地、区域、国内、亚洲、国际。虽然它们在地域上有包含的关系，但市场的销售份额没有包含关系。

图 2-2-1　P 系列产品的市场划分

第二节　产品市场的需求预测

一、本地市场 P 系列产品需求量预测及价格预测

　　本地市场将会持续发展，对低端产品的需求可能要下滑，伴随着需求量的减少，

低端产品的价格很可能走低。后几年，随着高端产品的成熟，市场对 P3、P4 产品的需求将会逐渐增大。由于客户对质量意识的不断提高，后几年对产品的 ISO09000 和 ISO14000 认证有更多的需求。本地市场 P 系列产品需求量预测及价格预测图如图 2-2-2、图 2-2-3 所示。

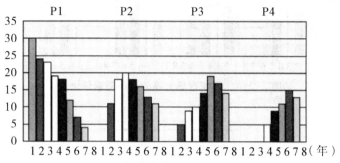

图 2-2-2　本地市场 P 系列产品需求预测图

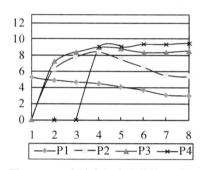

图 2-2-3　本地市场产品价格预测图

二、区域市场 P 系列产品需求预测及价格预测

区域市场的客户相对稳定，对 P 系列产品需求的变化很有可能比较平稳。因为紧邻本地市场，所以产品需求量的走势可能与本地市场相似，价格趋势也应大致一样。该市场容量有限，对高端产品的需求也可能相对较小，但客户对于产品的 ISO09000 和 ISO14000 认证有较高的要求。产品需求预测及价格预测图如图 2-2-4、图 2-2-5 所示。

三、国内市场 P 系列产品需求预测及价格预测

因 P1 产品带有较浓的地域色彩，估计国内市场对 P1 产品不会有持久的需求。但 P2 产品因更适合于国内市场，估计需求一直比较平稳。随着对 P 系列产品的逐渐认同，估计对 P3 产品的需求会发展较快。但对 P4 产品的需求就不一定像 P3 产品那样旺盛了。当然，对高价值的产品来说，客户一定会更注重产品的质量认证。

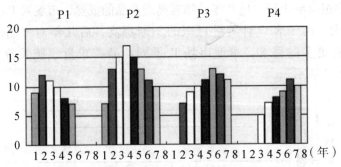

图 2-2-4　区域市场 P 系列产品需求预测图

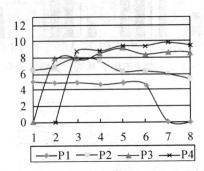

图 2-2-5　区域市场 P 系列产品价格预测图

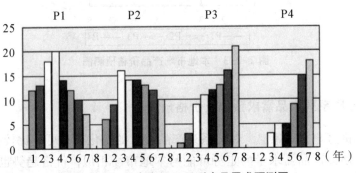

图 2-2-6　国内市场 P 系列产品需求预测图

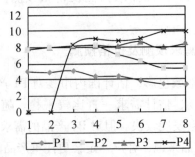

图 2-2-7　国内市场 P 系列产品价格预测图

四、亚洲市场 P 系列产品需求预测及价格预测

亚洲市场一向波动较大，所以对 P1 产品的需求可能起伏较大，估计对 P2 产品的需求走势与 P1 相似。但该市场对新产品很敏感，因此估计对 P3、P4 产品的需求量会发展较快，价格也可能不菲。另外，这个市场的消费者很看重产品的质量，所以没有 ISO09000 和 ISO14000 认证的产品可能很难销售。

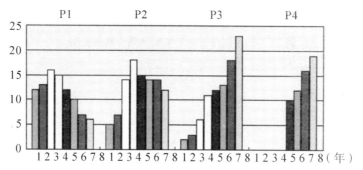

图 2-2-8　亚洲市场 P 系列产品需求预测及价格预测图

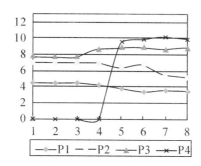

图 2-2-9　亚洲市场 P 系列产品需求预测及价格预测图

五、国际市场 P 系列产品需求预测及价格预测

P 系列产品进入国际市场可能需要一个较长的时期。有迹象表明，对 P1 产品已经有所认同，但还需要一段时间才能被市场接受。同样，对 P2、P3 和 P4 产品也会很谨慎的接受。当然，国际市场的客户也会关注具有 ISO 认证的产品。

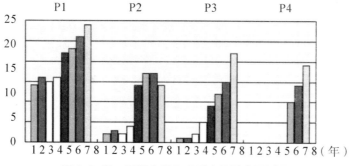

图 2-2-10　国际市场 P 系列产品需求预测图

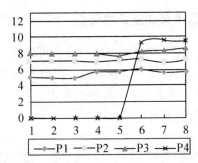

图 2-2-11   国际市场 P 系列产品价格预测图

第三章 企业运营规则

一、市场划分与市场准入

新企业要想销售产品需要开发市场，新市场包括本地、区域、国内、亚洲、国际市场。不同的市场需要投入的费用及时间不同；各市场可同时开发。在市场开拓过程中，投资必须是每个季度投入规定的相应费用，不能加速开发。但可以暂停或停止开发投资，但已经投资的钱不能收回；停止后的继续投资，可顺延在此之前已经投入的开发支出。

市场投入全部完成后方可在下一年参与该市场竞单销售产品。市场开拓费用及开拓时间见表2-3-1。

表 2-3-1 市场开拓费用及开拓时间表

市场	开拓费用	每年费用	持续时间
本地、区域	1M	1M/年	1 年
国内	2M	1M/年	2 年
亚洲	3M	1M/年	3 年
国际	4M	1M/年	4 年

市场开拓无需交维护费，中途停止使用，也可继续拥有资格并在以后年份使用。

二、销售会议与订单争取

每年初各企业的销售经理与客户见面并召开销售会议，根据市场地位、产品广告投入、市场广告投入和市场需求及竞争态势，按顺序选择订单。

首先，由上年在该市场的订单价值决定市场领导者（市场老大），并由其最先选择订单；其次，按产品的广告投入量的多少，依次选择订单；若在同一产品上有多家企业的广告投入相同，则按该市场上全部产品的广告投入量决定选单顺序；若市场的广告投入量也相同，则按上年订单销售额的排名决定顺序；如仍无法决定，先投广告者先选单。

第一年无订单。

产品广告应分配到每个具体的产品和市场；产品广告投入当年有效，无递延效果。

广告投放：1M有一次选单机会，每增加2M增加一次选单机会。

订单选择：市场老大只需投入1M就可优先选单，其余小组按每个市场单一产品广告费排序；若单一产品广告费相同，则按其在该市场广告的总和排序；若还相同则按上年排序；若都相同，则公开招标。

注意：各个市场的产品数量是有限的，并非打广告一定能得到订单。订单的获取取决于市场需求和竞争态势。

某些订单下端会标注企业对加工单位的资质要求及特殊交货期。

资质一般有 ISO9000 和 ISO14000 两种，有的订单只要求一种资质，有的订单两种都要求。企业必须取得相应的资格证书才有资格接受这类客户订单。

交货期：1~4季度。不同的订单，标注的交货期不一样。交货可以提前，但不能推后，即不能晚于订单标注的交货期。

延期处罚：如果不能按期交货，当年扣除该张订单总金额的 20% 作为罚款，且该张订单被收回。

如图 2-3-1 所示，订单数量是 3 个 P4，单价是 12M/个，订单总金额是 36M，交货期 4 个季度，应收账期 4 个季度。资质需要具备 ISO9000 和 ISO14000。

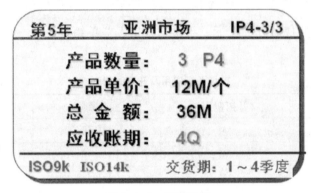

图 2-3-1　订单示例

三、厂房购买、租赁与出售

厂房可以购买或租赁，购买的厂房可随时出售；厂房每季度均可租或买，租满一年的厂房在满年的季度（如第二季度租的，则在以后各年第二季度为满年）进行处理，需要用"厂房处置"进行"租转买""退租"（当厂房中没有任何生产线时）等处理，如果未加处理，则原来租用的厂房在满年季度末自动续租。

厂房不提折旧。

厂房出售时会得到 4 个账期的应收款，紧急情况下可进行厂房贴现，直接得到现金。厂房的购买价格、租金及可容纳的生产线条数见表 2-3-2。

表 2-3-2　　　　　　　　　　厂房购买价格、租金和容量表

厂房	买价	卖价	租金	生产线容量
大厂房	40M	40M（4Q）	5M/年	6 条生产线
小厂房	30M	30M（4Q）	3M/年	4 条生产线

四、生产线购买、转产与维护、出售

生产线需购买，完成全部投资后方可生产。投资新生产线时按安装周期平均支付投资，全部投资到位的下一个季度开始生产。

现有生产线转产新产品时需要在该生产线现有生产全部完成后方可进行，并可能需要一定转产周期，同时支付一定转产费用，最后一笔支付到期一个季度后方可生产新产品。

上线生产时需取用原料（如果缺少原料，则必须"停工待料"，但将影响生产效率）并支付加工费，不同生产线的生产效率不同，但加工费相同，均为1M。

所有生产线都能生产所有产品，但同一生产线不能同时生产两种产品。

生产线建成后不论是否使用每年均需支付1M的维护费，当年在建的生产线和当年出售的生产线不用交维护费。

出售生产线时，如果生产线净值等于残值，将净值转换为现金；如果生产线净值大于残值，将相当于残值的部分转换为现金，将差额部分作为费用处理（记入"综合费用——其他"一栏）。

表 2-3-3　　　　　　　　　　　　　生产线相关情况表

生产线	购置费	安装周期	生产周期	总转产费	转产周期	维修费	残值
手工线	5M	无	3Q	0M	无	1M/年	1M
半自动	10M	2Q	2Q	1M	1Q	1M/年	2M
自动线	15M	3Q	1Q	2M	1Q	1M/年	3M
柔性线	20M	4Q	1Q	0M	无	1M/年	4M

注：生产线一旦安装，则不允许随意在不同厂房移动。

生产线折旧按平均年限法进行计算：折旧额=设备价值/5。见表2-3-4。

表 2-3-4　　　　　　　　　　　　　生产线折旧计算表　　　　　　　　　　单位：m

生产线	购置费	残值	建成第1年	建成第2年	年建成第3年	建成第4年	建成第5年
手工线	5	1	0	1	1	1	1
半自动	10	2	0	2	2	2	2
自动线	15	3	0	3	3	3	3
柔性线	20	4	0	4	4	4	4

当年建成生产线当年不提折旧，当净值等于残值时生产线不再计提折旧，但可以继续使用。

五、原料的采购与支付

原料采购需提前下达采购订单，其中R1、R2采购提前期为1个季度，R3、R4采购提前期为2个季度。

每种原料的价格均为1M，原料到货后必须根据采购订单如数接受相应原料入库，并按规定支付原料款，不得拖延。原料采购价格见表2-3-5。

表2-3-5 　　　　　　　　原料采购价格及提前期表

名称	购买价格（m/个）	提前期（季）
R1	1	1
R2	1	1
R3	1	2
R4	1	2

如果在生产时缺少了某种原材料，可以通过紧急采购的方式获得。在紧急采购情况下，付款后即可得到原材料，但原材料价格为订购价格（直接成本）的2倍。

紧急采购也适用于产成品的采购。交货的时候，如果某种产品未能及时生产出来，可以在适当范围内通过紧急采购获得该种产品，但紧急采购时产成品的价格为该类产品直接成本的3倍。

六、产品研发与管理体系认证

新产品研发投资按季度平均支付或延期，投资完成后方可生产该产品。产品研发费用及开发周期见表2-3-6。

表2-3-6 　　　　　　　　产品研发费用及开发周期表

名称	开发费用（m/季）	开发周期（季）	加工费（m）	直接成本（m）	产品组成
P1	1	2	1	2	R1
P2	1	4	1	3	R2+R3
P3	1	6	1	4	R1+R3+R4
P4	2	6	1	5	R2+R3+2R4

产品的研发必须是每个季度投入规定的相应费用，不能加速研发。但可以暂停或停止研发投资，但已经投资的钱不能收回；停止后的继续研发，可顺延在此之前已经投入的研发支出。

企业可以同时研发所有的产品，也可以任意选择自己需要的产品进行研发。

ISO的两项认证投资可以同时进行，采用平均支付法支付费用；研发时可以中断投资延期完成，但不允许加速投资。投资完成后即具备相应资格证。

表2-3-7 　　　　　　　　ISO认证投资费用及周期表

认证	ISO9000	ISO14000
时间（年）	2	2
费用（m/年）	1	2

产品研发投资与 ISO 认证投资的费用计入当年综合费用。

七、融资贷款与资金贴现

长期贷款在每年年初进行；短期贷款在每季度初进行。长期贷款最长期限为 5 年；短期贷款期限为 1 年。

长期贷款金额按 10 的倍数进行贷款操作，短期贷款金额则按 20 的倍数进行贷款操作，贷款到期后方可且必须偿还；如果在贷款限额内的，可以进行续贷，但都必须先用现金还本付息。

资金贴现在有应收款时随时可以进行，到账期不同，贴现费率也不同：12.5% = 1∶8（3 季，4 季），10% = 1∶10（1 季，2 季）。贴现费计入财务支出。

表 2-3-8　　　　　　　　　　融资贷款与资金贴现情况表

贷款类型	贷款时间	贷款额度	年息	还款方式
长期贷款	每年年初	长期贷款与短期贷款总和为上一年权益的三倍	10%	年初付息，到期还本。贷款额为 10 的倍数。
短期贷款	每季度初		5%	到期一次还本付息，贷款额为 20 的倍数。
资金贴现	任何时间	视为应收款	1/8（3，4）1/10（1，2）	变现时贴息
库存拍卖		原材料 8 折，成品原价		

八、综合费用与税金

管理费、产品广告 & 品牌、生产线转产费、设备维护、厂房租金、市场开拓、ISO 认证、产品研发等计入综合费用。

每年所得税计入应付税金，在下一年初交纳。所得税按照弥补以前年度亏损后的余额为基数计算。

税金 =（上年权益+本年税前利润-第 0 年末权益）×25%（取整）

　　　　　　　　　　　　　　　　　　　　——上年权益小于 60 时

税金 = 本年税前利润×25%（取整）　　　——上年权益大于 60 时

九、其他规则

（1）破产标准：现金断流或权益为负。

（2）违约金扣除——向下取整；

　　　　库存拍卖所得现金——向下取整；

　　　　贴现费用——向上取整；

　　　　扣税——向下取整。

（3）库存折价出售损失、生产线变卖损失、紧急采购损失、订单违约罚款记入综合费用表——其他。

（4）完成预先规定的经营年限，将根据各队的最后分数进行评分。

总成绩＝所有者权益×（1+企业综合发展潜力/100）－罚分

综合发展潜力系数见表2-3-9。

表 2-3-9 综合发展潜力系数表

项目	综合发展潜力系数
手工生产线	+5/条
半自动生产线	+10/条
全自动/柔性线	+15/条
大厂房	+15
小厂房	+10
区域市场开发	+10
国内市场开发	+15
亚洲市场开发	+20
国际市场开发	+25
ISO9000	+10
ISO14000	+15
P1 产品开发	+5

注意：

如有若干队分数相同，则最后一年在系统中先结束经营者排名靠前。

生产线建成即加分，无需生产出产品，也无需有在制品。市场老大和厂房无加分。

每市场每产品选单时第一名选单时间为 60 秒，自第二名起选单时间均为 40 秒。

第四章　企业运营系统操作

一、登录系统

打开浏览器，在浏览器地址栏内输入"Http：//服务器 IP 地址"，然后按回车键。浏览器显示登录界面如图 2-4-1 所示。

图 2-4-1　用户登录界面

在 Username 栏中输入用户名，第一组用户名为"U01"，第二组用户名为"U02"，以此类推。

在 Password 栏中输入密码。所有用户的初始密码均为"1"。密码可以在登录后修改。

输入正确的用户名、密码后显示"用户首次登录，请先注册"界面，如图 2-4-2 所示。

图 2-4-2　首次登录成功

点击确定进行模拟企业的注册，如图 2-4-3 所示。在其中可以修改登录密码，输入企业公司名称（必填），各职位人员姓名（如有多人，可以在一个职位中输入两个以上的人员姓名）（必填）。最后点击"登记确认"完成注册，企业信息将不可更改，然后开始企业的正式运营。

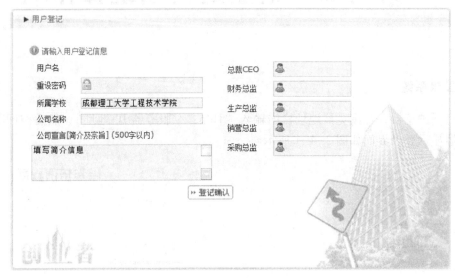

图 2-4-3　模拟企业注册

二、用户注册

用户点击"登记确认"完成注册，系统会出现企业的正式运营界面，如图 2-4-4 所示。

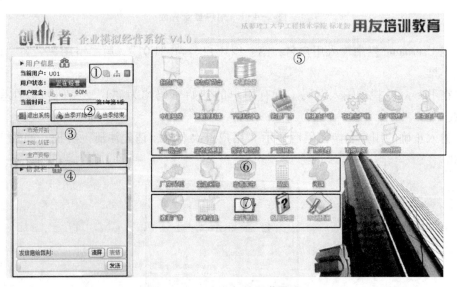

图 2-4-4　企业初始运营界面

在图 2-4-4 中，方框①中从左到右依次为"公司资料""组织结构""资产、生产、库存信息"，其中"资产、生产、库存信息"可以帮助经营者在经营过程中随时掌握企业厂房、生产线、库存及生产情况。方框②中按钮控制"当季（年）开始、结束"，当模拟企业当季开始或即将结束时相应按钮为闪烁提示状态。方框③中显示企业资质信息。完成某项资质后相应按钮由灰色转亮。方框④可以发布和接收信息。方框⑤是模拟企业操作的基本流程，其中亮色为可操作项目，如申请贷款、购置厂房、生产线等。方框⑥是模拟企业操作的特殊流程，其中亮色为可操作项目，如贴现、紧急采购、间谍等。方框⑦可以进行模拟经营信息查询，如订单信息、规则说明、市场预测等。

三、系统运营操作

模拟企业运营操作分为基本流程操作和特殊流程操作。基本流程要求按照一定的顺序依次执行，不允许改变其执行的顺序。

（一）年初任务

1. 投放广告
- 没有获得任何市场准入证时不能打开投放广告窗口；
- 在投放广告窗口中，市场名称为红色表示尚未开发完成，不可投入广告；
- 完成所有市场产品投放后，选择"确认投放"退出，退出后不能返回更改；
- 投放完成后，可以通过广告查询，查看已经完成投放广告的其他公司广告投放；
- 广告投放确认后，长期贷款本息及税金同时被自动扣除。

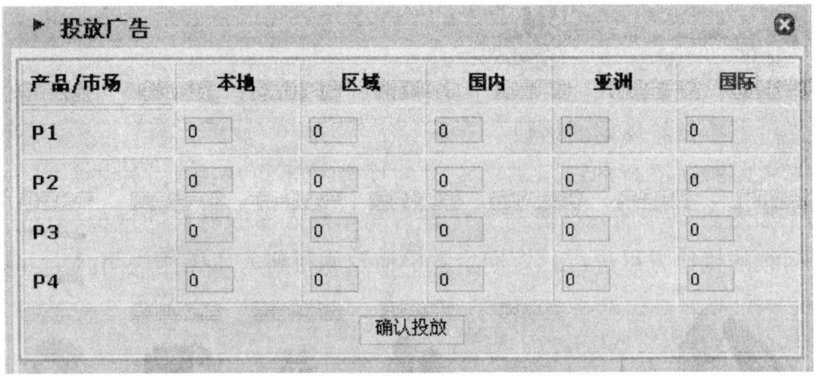

产品/市场	本境	区域	国内	亚洲	国际
P1	0	0	0	0	0
P2	0	0	0	0	0
P3	0	0	0	0	0
P4	0	0	0	0	0

确认投放

图 2-4-5 投放广告

2. 订货会
按照第四章第二节"销售会议与订单争取"规则进行订单的选取。

3. 长期贷款
- 选单结束后直接操作，一年只此一次，然后再点击"当年开始"按钮。注意，点击"当年开始"按钮后不能再进行长期贷款操作。
- 不可超出最大贷款额度。

- 可选择贷款年限，确认后不可更改。
- 贷款额为 10 的倍数。

图 2-4-6　申请长期贷款

（二）季度任务

每季度经营开始及结束需要点击"当季度（年）开始"或"当季度（年）结束"确认，第一季度按钮显示为当年开始，第四季度按钮显示为当年结束。

系统开始新一季度经营时会自动扣除短期贷款本息，同时自动完成更新生产、产品入库及转产操作。

第一季度经营完成系统自动扣除管理费（1M/季度）及租金，并且检测产品开发完成情况。

每个季度操作中，更新原料库和更新应收款为必走流程，操作了才能进行下一步操作。按照更新原料库和更新应收款可将季度操作划分为三段：申请短期贷款及原材料入库阶段，完成生产任务及更新应收款阶段，交货及产品研发、市场开拓阶段。每段中包含的各项操作无顺序要求，但建议按顺序进行操作。

1. 申请短期贷款及原材料入库阶段

申请短期贷款一季度只能操作一次，申请额为 20 的倍数，长期贷款和短期贷款的总额不可超过上年权益规定的倍数。

原材料入库时系统自动提示需要支付的现金（不可更改），只需要点击"确认更新"即可，如图 2-4-7 所示。此时系统会自动扣减入库原材料的现金；点击"确认更新"后，后续的操作方可进行，短期贷款申请及原材料入库操作关闭。

图 2-4-7　原材料入库

2. 完成生产任务及更新应收款阶段

（1）下原料订单。

如图 2-4-8 所示，在订购量一栏中输入所有需要的原料数量，然后点击"确认订购"完成预定原材料工作。点击"确认订购"后该窗口消失，订购量不可修改。一个季度只能操作一次。

图 2-4-8　下原料订单

（2）购置厂房

如图 2-4-9 所示，经营者最多只可使用一大一小两个厂房。首先选择厂房类型（大厂房或小厂房），然后选择买或租，最后点击"确认获得"完成厂房购置。

图 2-4-9　购置厂房

（3）新建生产线

如图 2-4-10 所示，首先需选择厂房、生产线类型以及生产产品类型，然后点击"确认获得"。已建生产线情况可在查询窗口查询；一个季度可操作多次，直至厂房不能再容纳。

图 2-4-10　购置厂房

（4）在建生产线

系统会自动列出未完成投资的生产线，选中需要继续投资的生产线点击"确认投资"即可完成在建生产线投资。在建生产线投资可以根据资金情况选择进行，每个季度只可操作一次。如图 2-4-11 所示。

图 2-4-11　在建生产线投资

（5）生产线转产

系统会自动列出符合转产要求的生产线（已经建成且没有在产品的生产线），如图 2-4-12 所示。选择一条要转产的生产线，并选择转产的产品，点击"确认处理"完成转产操作。该操作可多次进行。

图 2-4-12　生产线转产

（6）变卖生产线

系统可以自动列出可变卖生产线（建成后没有在制品的空置生产线，转产中生产线也可卖）；选择要变卖的生产线，按"确认变卖"按钮完成操作。变卖生产线可重复操作，也可放弃操作。如图 2-4-13 所示。

图 2-4-13　变卖生产线

注：变卖后，从价值中按残值收回现金，高于残值的部分记入当年费用的损失项目。

（7）开始下一批生产

如图 2-4-14 所示，系统自动列出可以进行生产的生产线，并自动检测库存原料是否能够满足生产、是否具备生产资格以及自动计算加工费用，点击"开始生产"后，系统自动扣除原料及加工费用。

图 2-4-14 开始下一批生产

（8）应收款更新

系统不会提示本季度到期的应收款，需要自行填入到期应收款的金额，多填不允许操作，少填时，则按实际填写的金额收现，少收部分转入下一期应收款。此步操作后，前面的各项操作关闭，并开启以后的操作任务。

图 2-4-15 应收款更新

3. 交货及产品研发、市场开拓阶段

（1）按订单交货

系统自动列出当年未交订单，并自动检测成品库存是否足够、交单时间是否过期。点击"确认交货"按钮完成指定订单的交付，同时系统自动增加应收款或现金。如图2-4-16 所示。

图 2-4-16 按订单交货

注：超过交货期则不能交货，系统收回违约订单，并在年底扣除违约金，违约金列在损失项目中。

（2）产品研发

如图 2-4-1 所示，选定要研发的产品，点击"确认投资"按钮即可完成本季度产品研发投资。一个季度只允许操作一次。当季结束系统自动检测研发是否完成。

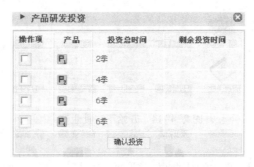

图 2-4-17　产品研发投资

（3）厂房处理

对购买的厂房（无生产线），在资金紧张时可以卖出。如果有生产线，在厂房卖出后自动转为租赁厂房，并扣除当年租金，将当季作为租入时间；厂房卖出后增加4Q应收款。

租赁的厂房满一年（4个季度）后可以转为购买，即租转买，并扣除现金。

租赁的厂房如果不执行厂房处理操作，系统自动视为续租，并在当季结束时自动扣除租金。如图 2-4-18 所示。

图 2-4-18　厂房处理

（4）市场开拓

选择要开拓的市场，然后按"确认投资"按钮即可完成市场开拓投资。该操作只有第四季度可操作一次。第四季度结束系统自动检测市场开拓是否完成。如图 2-4-19 所示。

图 2-4-19　市场开拓投资

（5）ISO 投资

选择要投资的认证，然后点击"确认投资"按钮完成投资操作。该操作只有第四季度可操作一次，第四季度结束系统自动检测开拓是否完成。如图 2-4-20 所示。

图 2-4-20　ISO 认证投资

（三）年末任务

年末系统自动支付行政管理费、租金、设备维护费、计提折旧、违约扣款，同时自动检测"产品开发"完成情况，检测"市场开拓""ISO 资格认证投资"完成情况。

（四）模拟企业操作的特殊流程

特殊流程中包含的操作不受正常流程运行顺序的限制，当需要时就可以操作。此类操作分为两类：第一类为运行类操作，可以改变企业资源的状态，如固定资产变为流动资产等；第二类为查询类操作，其不改变任何资源状态，只是查询资源情况。

1. 厂房贴现

厂房贴现可在任意时间操作。

如图 2-4-21 所示，厂房贴现后将选定厂房卖出，获得现金；如果该厂房中无生产线，厂房按原值售出后，所有售价按四个季度应收款全部贴现；如果有生产线，除按售价贴现外，还要再扣除租金。

厂房贴现由系统自动全部贴现，不允许部分贴现。

图 2-4-21　厂房贴现

2. 紧急采购

紧急采购可在任意时间操作。

如图 2-4-22 所示，先选中需购买的原料或产品，填写购买数量后点击"确认订购"。

紧急采购时立即扣款到货，购买的原料和产品均按照标准价格计算，高于标准价格的部分，记入损失项。

图 2-4-22　紧急采购

3. 出售库存

出售库存可在任意时间操作。

如图 2-4-23 所示，先填入计划售出原料或产品的数量，然后点击"确认出售"。

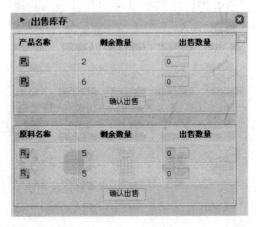

图 2-4-23　出售库存

原料、成品按照系统设置的折扣率回收现金，售出后的损失部分记入费用的损失项，所取现金向下取整。

4. 贴现

贴现可在任意时间操作，1、2 季度的贴现率与 3、4 季度的贴现率不同；可多次操作。

如图 2-4-24，填入的贴现额应小于等于应收款。贴现额乘对应贴现率，求得贴现费用（向上取整），贴现费用记入财务支出，其余部分为贴现后得到的现金。

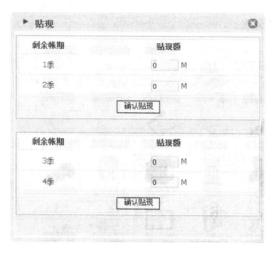

图 2-4-24 贴现

5. 商业情报收集（间谍）

商业情报收集可在任意时间操作。

如图 2-4-25、图 2-4-26 所示，利用商业情报收集可查看任意一家企业厂房、生产线、市场开拓、ISO 开拓、产品开发情况，查看总时间为 20 分钟，费用为 2M/次。

图 2-4-25 企业间谍 1

图 2-4-26 企业间谍 2

6. 订单信息

订单信息查询可以在任意时间操作，可查本企业所有订单信息及状态。

附件一：年度经营记录表

公司（组号）_____　　　　　第一年经营_____

操作顺序	企业经营流程每执行完一项操作，CEO请在相应的方格内打钩。				
	手工操作流程	系统操作		手工记录	
年初	新年度规划会议				
	广告投放	输入广告费确认			
	参加订货会选订单/登记订单	选单			
	支付应付税（33%）	系统自动			
	支付长期贷款利息	系统自动			
	更新长期贷款/长期贷款还款	系统自动			
	申请长期贷款	输入贷款数额并确认			
1	季初盘点（请填余额）	产品下线，生产线完工（自动）			
2	更新短期贷款/短期贷款还本付息	系统自动			
3	申请短期贷款	输入贷款数额并确认			
4	原材料入库/更新原料订单	需要确认金额			
5	下原料订单	输入并确认			
6	购买/租用——厂房	选择并确认，自动扣现金			
7	更新生产/完工入库	系统自动			
8	新建/在建/转产/变卖——生产线	选择并确认			
9	紧急采购（随时进行）	随时进行输入并确认			
10	开始下一批生产	选择并确认			
11	更新应收款/应收款收现	需要输入到期金额			
12	按订单交货	选择交货订单确认			
13	产品研发投资	选择并确认			
14	厂房—出售（买转租）/退租/租转买	选择确认，自动转应收款			
15	新市场开拓/ISO资格投资	仅第四季度允许操作			
16	支付管理费/更新厂房租金	系统自动			
17	出售库存	输入并确认（随时进行）			
18	厂房贴现	随时进行			
19	应收款贴现	输入并确认（随时进行）			
20	季末收入合计				
21	季末支出合计				
22	季末数额对账[（1）+（20）-（21）]				
年末	缴纳违约订单罚款（25%）	系统自动			
	支付设备维护费	系统自动			
	计提折旧	系统自动			（　）
	新市场/ISO资格换证	系统自动			
	结账				

公司（组号）＿＿＿＿＿＿＿＿＿＿　　　　　第二年经营＿＿＿＿＿＿＿＿＿＿

操作顺序	企业经营流程每执行完一项操作，CEO 请在相应的方格内打钩。				
	手工操作流程	系统操作	手工记录		
年初	新年度规划会议				
	广告投放	输入广告费确认			
	参加订货会选订单/登记订单	选单			
	支付应付税（33%）	系统自动			
	支付长期贷款利息	系统自动			
	更新长期贷款/长期贷款还款	系统自动			
	申请长期贷款	输入贷款数额并确认			
1	季初盘点（请填余额）	产品下线，生产线完工（自动）			
2	更新短期贷款/短期贷款还本付息	系统自动			
3	申请短期贷款	输入贷款数额并确认			
4	原材料入库/更新原料订单	需要确认金额			
5	下原料订单	输入并确认			
6	购买/租用——厂房	选择并确认，自动扣现金			
7	更新生产/完工入库	系统自动			
8	新建/在建/转产/变卖——生产线	选择并确认			
9	紧急采购（随时进行）	随时进行输入并确认			
10	开始下一批生产	选择并确认			
11	更新应收款/收款收现	需要输入到期金额			
12	按订单交货	选择交货订单确认			
13	产品研发投资	选择并确认			
14	厂房——出售（买转租）/退租/租转买	选择确认，自动转应收款			
15	新市场开拓/ISO 资格投资	仅第四季度允许操作			
16	支付管理费/更新厂房租金	系统自动			
17	出售库存	输入并确认（随时进行）			
18	厂房贴现	随时进行			
19	应收款贴现	输入并确认（随时进行）			
20	季末收入合计				
21	季末支出合计				
22	季末数额对账[（1）+（20）-（21）]				
年末	缴纳违约订单罚款（25%）	系统自动			
	支付设备维护费	系统自动			
	计提折旧	系统自动		（　）	
	新市场/ISO 资格换证	系统自动			
	结账				

公司（组号）_____   第三年经营_____

操作顺序	企业经营流程每执行完一项操作，CEO 请在相应的方格内打钩。				
	手工操作流程	系统操作		手工记录	
年初	新年度规划会议				
	广告投放	输入广告费确认			
	参加订货会选订单/登记订单	选单			
	支付应付税（33%）	系统自动			
	支付长期贷款利息	系统自动			
	更新长期贷款/长期贷款还款	系统自动			
	申请长期贷款	输入贷款数额并确认			
1	季初盘点（请填余额）	产品下线，生产线完工（自动）			
2	更新短期贷款/短期贷款还本付息	系统自动			
3	申请短期贷款	输入贷款数额并确认			
4	原材料入库/更新原料订单	需要确认金额			
5	下原料订单	输入并确认			
6	购买/租用——厂房	选择并确认，自动扣现金			
7	更新生产/完工入库	系统自动			
8	新建/在建/转产/变卖——生产线	选择并确认			
9	紧急采购（随时进行）	随时进行输入并确认			
10	开始下一批生产	选择并确认			
11	更新应收款/应收款收现	需要输入到期金额			
12	按订单交货	选择交货订单确认			
13	产品研发投资	选择并确认			
14	厂房——出售（买转租）/退租/租转买	选择确认，自动转应收款			
15	新市场开拓/ISO 资格投资	仅第四季度允许操作			
16	支付管理费/更新厂房租金	系统自动			
17	出售库存	输入并确认（随时进行）			
18	厂房贴现	随时进行			
19	应收款贴现	输入并确认（随时进行）			
20	季末收入合计				
21	季末支出合计				
22	季末数额对账[（1）+（20）-（21）]				
年末	缴纳违约订单罚款（25%）	系统自动			
	支付设备维护费	系统自动			
	计提折旧	系统自动		（ ）	
	新市场/ISO 资格换证	系统自动			
	结账				

公司（组号）_____　　　　第四年经营_____

操作顺序	企业经营流程每执行完一项操作，CEO 请在相应的方格内打钩。				
	手工操作流程	系统操作		手工记录	
年初	新年度规划会议				
	广告投放	输入广告费确认			
	参加订货会选订单/登记订单	选单			
	支付应付税（33%）	系统自动			
	支付长期贷款利息	系统自动			
	更新长期贷款/长期贷款还款	系统自动			
	申请长期贷款	输入贷款数额并确认			
1	季初盘点（请填余额）	产品下线，生产线完工（自动）			
2	更新短期贷款/短期贷款还本付息	系统自动			
3	申请短期贷款	输入贷款数额并确认			
4	原材料入库/更新原料订单	需要确认金额			
5	下原料订单	输入并确认			
6	购买/租用——厂房	选择并确认，自动扣现金			
7	更新生产/完工入库	系统自动			
8	新建/在建/转产/变卖—生产线	选择并确认			
9	紧急采购（随时进行）	随时进行输入并确认			
10	开始下一批生产	选择并确认			
11	更新应收款/应收款收现	需要输入到期金额			
12	按订单交货	选择交货订单确认			
13	产品研发投资	选择并确认			
14	厂房——出售（买转租）/退租/租转买	选择确认，自动转应收款			
15	新市场开拓/ISO 资格投资	仅第四季度允许操作			
16	支付管理费/更新厂房租金	系统自动			
17	出售库存	输入并确认（随时进行）			
18	厂房贴现	随时进行			
19	应收款贴现	输入并确认（随时进行）			
20	季末收入合计				
21	季末支出合计				
22	季末数额对账[（1）+（20）-（21）]				
年末	缴纳违约订单罚款（25%）	系统自动			
	支付设备维护费	系统自动			
	计提折旧	系统自动			（　）
	新市场/ISO 资格换证	系统自动			
	结账				

附件二：综合费用、利润表和资产负债表

综合费用	
项目	金额
管理费	
广告费	
设备维护费	
损失	
转产费	
厂房租金	
新市场开拓	
ISO 资格认证	
产品研发	
信息费	
合计	

利润表	
项目	金额
销售收入	
直接成本	
毛利	
综合费用	
折旧前利润	
折旧	
支付利息前利润	
财务费用	
税前利润	
所得税	
年度净利润	

资产负债表			
项目	金额	项目	金额
现金		长期负债	
应收款		短期负债	
在制品		应将所得税	
产成品		——	
原材料		——	
流动资产合计		负债合计	
厂房		股东资本	
生产线		利润留存	
在建工程		年度净利	
固定资产合计		所有者权益合计	
资产总计		负债和所有者权益总计	

注：关于综合费用表、利润表及资产负债表的填表说明。

（1）（综合费用一栏）管理费用=每季度 1M。全年固定交 4M。

（2）广告费=当年在所有区域所有产品的广告费总和。

（3）设备维护费=建成的任何生产线（1M/年）的总和。（只要建成，不管是否在生产，都必须交维护费）

（4）损失=紧急采购（紧急采购的价格−正常采购或生产的价格）+卖生产线（净值−残值）+违约金。

（5）转产费=当年生产线转产所用的费用的总和。（见规则，生产线不同转产费不同）

（6）厂房租金=当年所租厂房租金的总和（大：5M，小：3M，购买的厂房不交租金和折旧）。

（7）新市场开拓＝当年所开市场的费用总和。（开拓成功的市场以后不需要交任何费用）

（8）ISO 认证＝当年投入 ISO 研发费用的总和。（开发成功的 ISO 以后不需要交任何费用）

（9）产品研发＝当年所研发产品费用的总和。（研发成功后不需要交任何费用）

（10）信息费＝间谍费（当前系统不作要求，但需要记住有这个费用，后面可能会用）。

（11）合计＝所有管理费用这一栏的费用总和。（切记：所有的管理费用这一项均为正数）

（12）（利润表一栏）销售收入＝当年所交订单价格的总和。（无论是否收到钱，都算销售收入）

（13）直接成本＝当年所交订单产品的成本总和。（紧急采购的也只算产品的直接成本，多余的钱记入损失。如紧急采购 1P1 需要 6M，实际生产只需要 2M，其中 2M 为直接成本，多余的 4M 记入损失，原材料一样的计算）

（14）毛利＝销售收入－直接成本

（15）综合费用＝综合费用一栏费用的总和，也就是第 11 项的值。

（16）折旧前利润＝毛利－综合费用

（17）折旧＝生产线折旧总和。（当年建成的生产线不折旧，净值等于残值的生产线也不折旧，但还可以继续使用）

（18）支付利息前利润＝折旧前利润－折旧。

（19）财务费用＝长期贷款利息＋短期贷款利息＋贴息。［贴息＝贴现所交的费用（见规则）］

（20）税前利润＝支付利息前利润－财务费用。

（21）所得税：（大前提，税前利润大于 0）第一种情况，如果上一年所有者权益大于股东资本，所得税＝（税前利润/4）向下取整；第二种情况，如果上一年所有者权益小于股东资本，所得税：如果（税前利润＋上一年所有者权益）大于股东资本，所得税＝（税前利润＋上一年所有者权益－股东资本）/4 向下取整。如果（税前利润＋上一年所有者权益）小于股东资本，则不交所得税，所得税＝0。

（22）净利润＝税前利润－所得税。

（23）（资产负债表一栏）现金＝当年结束后所剩的钱。

（24）应收款＝所交订单价格的总和－实际收到的钱－贴现的钱。

（25）在制品＝当年结束，生产线上产品的直接成本的总和。（按直接成本计算，见规则）

（26）产成品＝当年结束，库存产品的直接成本的总和。（按直接成本计算，见规则）

（27）原材料＝当年结束，库存原材料的直接成本的总和。（按直接成本计算，见规则）

（28）流动资产合计＝（第 23 项一直加到第 27 项）

（29）厂房＝购买厂房的价格总和，租的厂房为 0。

（30）生产线＝所有生产线净值的总和。

（31）在建生产线＝当年还不能生产的生产线的价值总和。（只要当年没有交维护费的生产线都属于在建生产线）

（32）固定资产合计＝（第29项一直加到第31项）。

（33）资产合计＝流动资产+固定资产。

（34）长期负债＝当年结束时，所有年长期贷款的总和。

（35）短期负债＝当年结束时，当年所有短期贷款的总和。

（36）应交所得税＝第21项。

（37）负债合计＝（第34项一直加到36项）

（38）股东资本＝系统开始经营时，系统里的初始现金。这一项，以后每年都固定不变，和初始现金相等。如初始为65M，以后每一年股东资本都为65M。

（39）利润留存（年度未分配利润）＝上一年的利润留存+上一年的年度净利润。

（40）年度净利＝第22项，也就是净利润。

（41）所有者权利合计＝（第38项一直加到40项）。当所有者权益为负数时，为破产。

（42）负债和所有者权益合计＝负债合计+所有者权益合计。

注意：只有当第33项和第42项相等的时候，才表示报表有可能做对了。

也就是资产合计必须等于负债和所有者权益合计。

附件三：贷款登记表

贷款登记表

贷款类		1 年				2 年				3 年				4 年			
		1	2	3	4	1	2	3	4	1	2	3	4	1	2	3	4
短期贷款	借																
	还																
长期贷款	借																
	还																
高利贷	借																
	还																
贷款类		1 年				2 年				3 年				4 年			
		1	2	3	4	1	2	3	4	1	2	3	4	1	2	3	4
短期贷款	借																
	还																
长期贷款	借																
	还																

表（续）

贷款类		1 年				2 年				3 年				4 年			
		1	2	3	4	1	2	3	4	1	2	3	4	1	2	3	4
高利贷	借																
	还																

附件四：产品生产登记表

产品生产登记表

类型		1 年				2 年				3 年				4 年			
		1	2	3	4	1	2	3	4	1	2	3	4	1	2	3	4
生产线	1																
	2																
	3																
	4																
	5																
	6																
产品	P1																
	P2																
	P3																
	P4																
类型		1 年				2 年				3 年				4 年			
		1	2	3	4	1	2	3	4	1	2	3	4	1	2	3	4
生产线	1																
	2																
	3																
	4																
	5																
	6																
产品	P1																
	P2																
	P3																
	P4																

附件五：原材料采购登记表

原材料采购登记表

第　年	第1季度				第2季度				第3季度				第4季度			
原材料	R1	R2	R3	R4	R1	R2	R3	R4	R1	R2	R3	R4	R1	R2	R3	R4
订购数量																
入库																

第　年	第1季度				第2季度				第3季度				第4季度			
原材料	R1	R2	R3	R4	R1	R2	R3	R4	R1	R2	R3	R4	R1	R2	R3	R4
订购数量																
入库																

第　年	第1季度				第2季度				第3季度				第4季度			
原材料	R1	R2	R3	R4	R1	R2	R3	R4	R1	R2	R3	R4	R1	R2	R3	R4
订购数量																
入库																

第　年	第1季度				第2季度				第3季度				第4季度			
原材料	R1	R2	R3	R4	R1	R2	R3	R4	R1	R2	R3	R4	R1	R2	R3	R4
订购数量																
入库																

第　年	第1季度				第2季度				第3季度				第4季度			
原材料	R1	R2	R3	R4	R1	R2	R3	R4	R1	R2	R3	R4	R1	R2	R3	R4
订购数量																
入库																

第　年	第1季度				第2季度				第3季度				第4季度			
原材料	R1	R2	R3	R4	R1	R2	R3	R4	R1	R2	R3	R4	R1	R2	R3	R4
订购数量																
入库																

附件六：订单记录表

订单记录表

序号	市场	产品	数量	总价	得单年份	交货期	账期	交货时间	订单状态

附件七：应收账款登记表

应收账款登记表

类别		1 年				2 年				3 年				4 年			
		1	2	3	4	1	2	3	4	1	2	3	4	1	2	3	4
应收期	1																
	2																
到款	3																
贴现	4																
贴现费																	

类别		1 年				2 年				3 年				4 年			
		1	2	3	4	1	2	3	4	1	2	3	4	1	2	3	4
应收期	1																
	2																
到款	3																
贴现	4																
贴现费																	

第三篇
招标投标模拟

第一章　招标投标的基础知识

我国从 20 世纪 80 年代初开始在建设工程领域引入招标投标制度。2000 年 1 月 1 日《中华人民共和国招标投标法》（以下简称《招标投标法》）实施，标志着我国正式以法律形式确定了招标投标制度。2012 年 2 月 1 日《中华人民共和国招标投标法实施条例》（以下简称《招标投标法实施条例》）施行，以配套行政法规形式进一步完善了招标投标制度。此外，国务院及有关部门陆续颁布了一系列招标投标方面的规定，地方人大及其常委会、人民政府及其有关部门也结合本地区的特点和需要，相继制定了招标投标方面的地方性法规规章和规范性文件，我国的招标投标法律制度逐步完善，形成了覆盖全国各领域、各层级的招标投标法律法规及其政策体系。

随着社会主义市场经济的发展，现阶段不仅在工程建设的勘查、设计、施工、监理、重要设备和材料采购等领域实行了必须招标制度，而且在政府采购、机电设备进口以及医疗器械药品采购、科研项目服务采购、国有土地使用权出让等方面也广泛采用了招标方式。此外，在城市基础设施项目、政府投资公益性项目等建设领域，以招标方式选择项目法人、特许经营者、项目代建单位、评估咨询机构及贷款银行等，也已经成为招标投标法律体系中的规范的重要内容之一。

第一节　招标投标的概念

招标是指招标人根据货物购买、工程发包以及服务采购的需要，提出条件或要求，以某种方式向不特定或一定数量的投标人发出投标邀请，并依据规定的程序和标准选定中标人的行为。

投标是指投标人接到招标通知后，响应招标人的要求，根据招标通知和招标文件的要求编制投标文件，并将其送交给招标人，参加投标竞争的行为。

招标和投标是相对而言的，并非独立个体。在整个项目的招标投标过程中，招标和投标两个过程相互联系，相互贯穿，相互依存。

第二节　招标投标的特点

招标投标的整个过程以法律为准绳，是市场经济的产物，并随着市场经济的发展而逐步推广，必然要遵循市场经济活动的基本原则。招标投标具有以下特点：

一、规范性

招标投标的规范性主要指程序的规范和内容的规范。招标投标双方之间都用相应的具有法律效力的规则来限制，招标投标的每一个环节都有严格的规定，一般不能随意改变。在确定中标人的过程中，一般都按照目前各国的做法及国际惯例的标准进行评标。

二、公开性

公开性即"信息透明"，招标投标活动必须具有高度的透明度，招标程序、投标的资格条件、评标标准、评标方法、中标结果等信息要公开。使每一个投标人能够及时获得有关信息，从而平等参与投标竞争，依法维护自身的合法权益。此外，将招标投标活动放置于公开透明的环境中，也为当事人和社会各界的监督提供了重要条件。

三、公平性

公平性即"机会均等"，要求招标人一视同仁地对待所有的投标人，并为所有投标人提供平等的机会，使其享有同等的权利并履行相应的义务，不歧视或者排斥任何一个投标人。招标人不得在招标文件中要求或者表明特定的生产供应商以及含有倾向或者排斥潜在投标人的内容，不得以不合理的条件限制或排斥潜在投标人，不得对潜在投标人进行歧视待遇；否则，将承担相应的法律责任。

四、竞争性

招标投标活动是最具有竞争的一种采购方式。招标人的目的是使采购活动能尽量节省开支，最大限度地满足采购目标。因此，在采购过程中，招标人会以投标人的最优惠条件来选定中标人。投标人为了获得最终的中标，就必须竞相压低成本，提高标的物的质量，同时在遵循公平的原则下，投标人只能进行一次报价，并确定合理的方案投标，因此投标人在编写标书时必须成熟且慎重，尽可能提高中标率。

从上述特点可以看出，招标投标活动必须规范采购程序，使参与采购项目的投标人获得公平待遇，以及加大采购过程的透明度和客观性，促进招标人获取最大限度的竞争，节约采购资金和使采购效益最大化，杜绝腐败和滥用职权等方面都起到至关重要的作用。

第三节　招标方式

根据《招标投标法》的规定，我国的招标方式主要分为公开招标和邀请招标两种方式。

一、公开招标

公开招标，即招标人按照法定程序，在指定的报刊、电子网络和其他媒介上发布招标公告，向社会公示其招标项目要求，吸引众多潜在投标人参加投标竞争，招标人按事先规定程序和办法从中择优选择中标人的招标方式。采用这种招标方式，凡是对该项目感兴趣的、符合规定条件的承包商、供应商，不受地域、行业和数量的限制，均可申请投标，购买资格预审文件，申请资格预审，合格后方可参加投标。这种方式被认为是最系统、最完善、最规范的招标方式。

公开招标的优点：对投标人而言，可为所有的潜在投标人提供一个平等竞争的机会，广泛吸引投标人，招标投标程序透明度高，较大程度上避免了招标投标活动中的贿标行为。而对招标人而言，可以在较广范围内选择投标人，竞争激烈，择优率高，有利于降低工程造价，提高工程质量和缩短工期。

公开招标的缺点：由于参加竞争的投标人可能很多，招标的准备工作，对投标申请者进行资格预审和评标的工作量大，招标时间长，费用高；同时，参加竞争的投标人越多，每个参加者中标的机会越小，风险越大；在投标过程中也可能出现一些不诚实、信誉又不好的承包商为了"抢标"，故意压低投标报价，以压低挤掉那些信誉好、技术先进而报价较高的承包商。因此，采用这种招标方式时，业主要加强资格预审，认真评标。

二、邀请招标

邀请招标，即招标人通过市场调查，根据承包商或供应商的资信、业绩等条件，选择一定数量的法定代表人或其他组织（不能少于 3 家），向其发出投标邀请书，邀请其参加投标竞争，招标人按事先规定的程序和办法从中择优选择中标人的招标方式。

邀请招标的优点：对于招标人而言，采用这种方式可使投标人的数量减少，不仅节省了招标投标的时间、招标投标费用，而且也提高了每个投标人的中标机会，降低了投标风险；因招标人对投标人已经有了一定的了解，所邀请的投标人具有较强的专业能力和良好的信誉，因此便于招标人在某种有专业要求的项目选择中标人。

邀请招标的缺点：投标人数量比较少，竞争不够激烈。如果数量过少，也就失去了招标投标的意义。由于邀请招标在竞争的公平性和价格方面仍有一些不足之处，因此，采取此种招标方式必须具备一定的条件。按照《招标投标法》的规定，国家重点项目和省、自治区、直辖市地方重点项目不宜采用公开招标的，经批准后才可以进行邀请招标。《招标投标法》第八条规定，国有资金占控股或者主导地位的依法必须进行招标的项目，应当公开招标；但有下列情形之一的，可以邀请招标：

（1）技术复杂，有特殊要求或受自然环境限制，只有少量潜在投标人可供选择；

（2）采用公开招标方式的费用占项目合同金额比例较大。

在实践中，是采用公开招标还是邀请招标方式是由招标人决定的。招标人根据项目的特点，只要不违反法律规定，最大限度地实现"公开、公平、公正"，可自主选择公开或者邀请招标方式。

第四节　招标投标的基本程序

招标投标最显著的特点就是招标投标活动具有严格规范的程序。按照《招投标法》的规定，一个完整的招标投标程序，必须包括招标准备、发布招标公告、资格预审、发售招标文件、编制投标文件、递交投标文件、开标、评标、中标和签订合同等过程，可划分为招标阶段、投标阶段、开标、确定中标人四个阶段。

一、招标阶段

招标是指招标人按照国家有关规定履行项目审批手续、落实资金来源后，成立招标组织机构，依法发布招标公告或投标邀请书，编制并发售招标文件等具体环节。根据项目的特点和实际需要，招标人可自行招标或者委托招标代理机构进行招标，负责组织现场踏勘、进行招标文件的澄清、修改等工作。作为招标投标活动的起始程序，首先应确定招标项目要求、投标人资格条件、评标标准和方法、合同的主要条款等各项实质性条件和要求。因此，招标阶段对整个招标投标程序是否合法、科学，能否实现招标目的，起着基础性的影响。

二、投标阶段

投标是指投标人根据招标文件的要求，结合企业的实际情况，编制并提交投标文件，响应招标活动。在投标过程中，投标人参与竞争，并一次性进行投标报价。在投标截止时间结束后，招标人将不能再接受新的投标文件，投标人也不得再更改投标报价及其他实质性的内容。投标人应当在递交投标文件的同时缴纳投标保证金，投标保证金的有效期应大于或等于投标有效期。待投标截止时间结束后，投标人数、投标文件、投标保证金等将不能改变已成定局，因此，投标阶段是决定投标人能否中标、招标人能否取得预期招标效果的关键。

三、开标阶段

开标是指招标人按照招标文件确定的时间和地点，邀请所有投标人到场，当众开启投标人提交的投标文件，宣布投标人名称、投标报价及投标文件中的其他重要内容。开标的时间即为投标文件递交的截止时间，由招标人主持，全体投标人代表参与。开标最基本的要求和特点是公开，保证所有投标人的知情权，这也是维护各方合法权益的基本条件。

四、评标

招标人依法组建评标委员会，依据招标文件的规定和要求，根据评标办法，对投标文件进行审查、评审和比较，确定中标人。对于依法必须招标的项目，招标人必须根据评标委员会提出的书面评标报告和推荐的中标候选人确定最终中标人。评标是审查并确定中标人的必经程序。

依法必须进行招标的项目，其评标委员会由招标人的代表和有关技术、经济等方面的专家组成，成员人数为 5 人以上单数，其中技术、经济等方面的专家不得少于成员总数的 2/3。其中专家应当从事相关领域工作满 8 年并具有高级职称或者具有同等专业水平，由招标人从国务院有关部门或者省、自治区、直辖市人民政府有关部门提供的专家名册或者招标代理机构的专家库内的相关专业的专家名单中确定；一般招标项目可以采取随机抽取方式，特殊招标项目可以由招标人直接确定。与投标人有利害关系的人不得进入相关项目的评标委员会，已经进入的应当立即更换。评标委员会成员的名单在中标结果确定前应当保密。

五、中标

中标也称定标，即招标人从评标委员会推荐的中标候选人中确定中标人，并向中标人发出中标通知书，并同时将中标结果通知所有未中标的投标人。评标完成后，招标委员会应当向招标人提交书面评标报告和中标候选人。中标候选人应当不超过 3 个，并标明顺序。招标应当自收到评标报告之日起 3 日内公示中标候选人，公示期不得少于 3 日。如投标人或其他利害关系人对依法进行招标的项目的评标结果有异议，应当在公示期内提出。中标既是竞争结果的确定环节，也是发生异议、投诉、举报的环节，有关行政监督部门应当依法进行处理。

六、签订书面合同

中标通知书发出后，招标人和中标人应当按照招标文件和中标人的投标文件在规定时间内订立书面合同，中标人按合同约定履行义务，完成中标项目。依法必须进行招标的项目，招标人应当自中标通知书发出之日起 30 日内与中标人签订书面合同。招标人最迟应在书面合同签订后 5 日内向中标人和未中标人退还投标保证金及银行同期存款利息。招标人应当从确定中标人之日起 15 日内，向有关行政监督部门提交招标投标情况的书面报告。合同的签订意味着整个招标投标阶段的结束。

第二章 招标投标模拟实训

第一节 招标公告和投标邀请书的编制

一、招标公告

（一）招标公告的编制

根据《招标投标法》的规定，采用公开招标的方式应当发布招标公告，依法必须进行招标的项目的招标公告，应当发布在国家发展和改革委员会指定的媒介上发布，且不应少于三家。在不同媒介上发布的招标公告对于同一项目而言，内容应当一致。

招标公告内容应当真实、准确和完整。在合同签订过程中，招标公告的发出意味着招标投标活动的要约邀请，招标人不得随意更改招标公告的内容。按照《招标投标法》《招标投标法实施条例》《招标公布发布暂行办法》的相关规定，招标公告应当载明招标人的名称和地址、招标项目的性质、数量、实施地点和时间、投标截止日期以及获取招标文件的办法、对投标人的要求等事项。

（二）招标公告的发布

按照《招标公布发布暂行办法》的规定，国家发展和改革委员会经国务院授权，指定《中国日报》《中国经济导报》《中国建设报》《中国采购与招标网》为依法必须招标项目的招标公告的发布媒介。其中，依法必须招标的国际招标项目的招标公告应在《中国日报》发布。此外，对政府采购项目，财政部依法指定全国政府采购信息的发布媒介是《中国财经报》《中国政府采购网》《中国政府采购》杂志。

招标人在媒介发布依法必须进行招标项目的招标公告时，应当注意以下事项：

（1）招标公告的发布应当充分公开，任何单位和个人不得非法限制招标公告的发布地点和范围；

（2）指定媒介发布依法招标项目的招标公告，不得收取费用，但发布国际招标公告的除外；

（3）对拟发布的招标公告文本应当有招标人主要负责任签名并加盖公章；

（4）在两个以上媒介发布同一招标项目的招标公告的内容应相同；

（5）指定报纸和网络在收到招标公告文本之日起七日内发布。

二、投标邀请书

按照《招标投标法》第十七条的规定，招标人采用邀请招标方式的，应当向三个以上具有承担招标项目能力、信誉良好的特定的法人或者其他组织发出投标邀请书。投标邀请书的内容和招标公告的内容基本一致，只需增加邀请潜在投标人"确认"是否收到了投标邀请书的内容即可。

第二节　资格审查

资格审查分为资格预审和资格后审两种方式。资格预审是指投标前对获取资格预审文件并提交资格预审申请文件的潜在投标人进行资格审查的一种方式。一般适用于潜在投标人较多或者大型、技术复杂的项目。

一、资格预审

（一）资格预审程序

根据国务院有关部门对资格预审的要求和《标准施工招标资格预审文件》范本的规定，资格预审一般按以下程序进行：

（1）编制资格预审文件；

（2）发布资格预审公告；

（3）出售资格预审文件；

（4）资格预审文件的澄清、修改；

（5）潜在投标人编制并提交资格预审申请文件；

（6）组建资格审查委员会；

（7）由资格审查委员会对资格预审申请文件进行评审并编写资格预审评审报告；

（8）招标人审核资格预审评审报告、确定资格预审合格申请人；

（9）向通过资格预审的申请人发出资格预审结果通知书，并向未通过资格预审的申请人发出资格预审结果通知书。

其中编制资格预审文件和资格预审申请文件的评审，是完成整个资格预审工作的两项关键程序。

（二）资格预审文件的编制

资格预审文件是招标人公开告知潜在投标人参加招标项目投标竞争应具备资格条件、标准和方法的重要文件，是对投标申请人进行资格评审和确定合格投标人的依据。

根据招标项目的类型不同，对预审文件内容的规定也不尽相同。目前只有工程施工招标项目和货物招标项目两类进行了具体规定：

1. 工程施工招标项目

资格预审文件主要包括资格预审公告、申请人须知、资格审查办法、资格预审申请文件格式、资格预审文件的澄清与修改、建设项目概况等。

2. 货物招标项目

资格预审文件的内容一般应包括：资格预审邀请书、申请人须知、资格要求、其他业绩要求、资格审查标准和方法、资格预审结果的通知方式。

二、资格后审

资格后审是指在开标后对投标人进行的资格审查。按照《招标投标法实施条例》第二十条的规定，资格后审应当在开标后由评标委员会按照招标文件规定的标准和方法对投标人的资格进行审查。

招标人采用资格后审应当注意的是，资格后审一般在评标过程中的初步评审时进行，招标人应当在招标文件中明确写明对投标人资格要求的条件、标准和方法。资格后审由评标委员会负责完成，评标委员会应按照招标文件规定的评审标准和方法进行评审，资格后审不合格的投标人，评标委员会应当否决其投标。

第三节　招标文件的构成和编制

一、招标文件的构成

招标文件由招标人编制，反映招标人对招标项目的要求，它的质量好坏直接影响招标投标的成败。招标文件具有法律效应，其基本内容由相关的法律法规决定，但不同性质的招标项目，招标文件的基本构成也不一样。因此，编制招标文件首先根据招标项目的性质确定招标文件的基本内容，其次根据招标人的要求对招标文件进行补充，最后检查并修改招标文件是否存在瑕疵或异议的地方，确保招标文件完整有效。

（一）招标文件的一般构成

按照《招标投标法》第十九条的规定，招标人应当根据招标项目的特点和需要编制招标文件。招标文件是招标人向潜在投标人发出的要约邀请文件，是向投标人发出的旨在向其提供编写投标文件所需的资料，并载明招标投标过程中所依据的规则、标准、程序等相关内容。

按照有关招标投标法律法规与规章的规定，招标文件一般包括以下七项内容：
（1）招标公告或投标邀请书；
（2）投标人须知（含投标报价和对投标人的各项投标规定与要求）；
（3）评标标准和评标办法；
（4）技术条款（含技术标准、规格、使用要求以及图纸等）；
（5）投标文件格式；
（6）拟签订合同主要条款和合同格式；
（7）附件及其他要求投标人提供的材料。

（二）不同类型的招标项目的招标文件的构成

1. 工程建设项目

按照《工程建设项目施工招标投标办法》和《标准施工招标文件的规定》，工程建设项目施工招标文件的构成应该包括：

（1）招标公告；

（2）投标人须知；

（3）评标办法；

（4）合同条款与格式；

（5）采用工程量清单招标的，应该提供工程类清单；

（6）图纸；

（7）技术标准和要求；

（8）投标文件格式；

（9）投标人须知前附表现规定的其他材料；

2. 机电产品国际招标项目

按照《机电产品国际招标投标实施办法》和《机电产品采购国际竞争性招标文件》的规定，机电产品国际招标文件的构成应包括：

（1）投标人须知；

（2）合同通用条款；

（3）合同格式；

（4）投标文件格式；

（5）投标邀请；

（6）投标资料表；

（7）合同专用条款；

（8）货物需求一览表及技术规格。

3. 政府采购项目

按照《政府采购货物和服务招标投标管理办法》的规定，政府采购项目招标文件的构成应当包括：

（1）投标邀请；

（2）投标人须知；

（3）投标人应当提交的资格、资信证明文件；

（4）投标报价要求、投标文件编制要求和投标保证金交纳方式；

（5）招标项目的技术规格、要求和数量，包括附件和图纸等；

（6）合同的主要条款及合同签订方式；

（7）交货和提供服务的时间；

（8）评标办法、评标标准和废标条款；

（9）投标截止时间、开标时间及地点；

（10）省级以上财政部门规定的其他事项。

二、招标文件的编制

招标文件应当依照《招标投标法》《招标投标法实施条例》和相关法规规章的要求，根据项目特点和需要进行编制。编制招标文件时，不仅要抓住重点，根据不同需求，合理确定投标人资格审查的标准、投标报价要求、评标标准、评标办法、标段划分、确定中标人和拟签订合同的主要条款等实质性内容，而且格式应当符合法规要求、内容完整无遗漏、文字严密、表达准确、逻辑性强。无论招标项目多么复杂，招标文件都应当按照以下要求进行编制：

（一）依法编制招标文件并满足招标人使用要求

招标文件的编制不仅应当遵守招标投标的相关规定，还应当符合国家其他相关法律法规。各项技术标准应符合国家强制性标准，满足招标人的要求。除此之外，招标文件的编制应当遵循公开、公平、公正和诚实信用原则，不得有歧视潜在投标人的条款，否则应按照相关规定进行重新招标。

（二）合理划分标段（或者标包）和确定工期（或交货期）

招标人应当按照《招标投标法实施条例》规定的原则，根据招标项目的特点，合理划分标段（标包）、确定工期（交货期），并在招标文件中载明。但对工程技术上紧密相连、不可分割的单位工程不得分割标段。招标人在进行标段划分时，应遵守招标投标法的相关规定，不得利用标段划分限制或者排斥潜在投标人，不得利用标段划分规避招标。

（三）明确规定具体而详细的使用与技术要求

招标人根据招标项目的特点和需要编制招标文件时，应在招标文件中载明招标项目每个标段或标包的各项使用要求、技术标准、技术参数等各项要求。按照《工程建设项目货物招标投标办法》第二十五条的规定，招标文件规定的各项技术规格应当符合国家技术法规的规定。招标文件中规定的各项技术规格均不得要求或载明某一特定的专利技术、商标、名称、设计、原产地或供应者等，不得含有倾向或者排斥潜在投标人的其他内容。如果必须引用某一供应者的技术规格才能准确、清楚地说明拟招标货物的技术规格时，则应当在参照后面加上"或相当于"的字样。

（四）用醒目方式表明实质性要求和文件

按照《工程建设项目施工招标投标办法》和《工程建设项目货物招标投标办法》的规定，招标人应当在招标文件中规定实质性要求和条件，说明不满足其中任何一项实质性要求和条件的投标文件将被拒绝，并且用醒目的方式标明。

（五）规定评标标准和评标办法以及除价格以外的所有评标因素

按照招标投标的相关规定，招标文件中应当确定规定评标标准、评标办法和除价格外的所有评标因素，以及将这些因素量化进行评估。

（六）规定提交备选方案和对备选方案的处理办法

根据招标投标法律的相关规定，招标人可以要求投标人在提交符合招标文件规定要求的投标文件外，提交备选投标方案，但应在招标文件中做出说明，并提出相应的评审和比较办法，不符合中标条件的投标人的备选投标方案不予考虑。而对于符合招标文件要求且评标价最低或者综合评分最高为中标候选人的投标人，其所提交的备选投标方案方可予以考虑。

（七）规定编制投标文件的合理时间并载明招标文件最短发售期、需要踏勘现场的时间和地点

按照《招标投标法》第二十四条的规定，招标人应当确定投标人编制投标文件所需要的合理时间，依法必须招标项目自招标文件发出之日起至投标人提交投标文件截至之日止不得少于20天。

按照《招标投标法》第二十一条的规定和《招标投标法实施条例》第二十八条的规定，招标人根据招标项目的具体情况，可以组织潜在投标人踏勘现场，但不得组织单个或者部分潜在投标人踏勘现场，并在招标文件中载明踏勘现场的时间和地点。

（八）明确投标有效期、投标保证金的数额及有效期、投标保证金的提交和退还、招标文件的售价

招标人应当在招标文件中载明投标有效期，投标有效期从提交投标文件的截止日起算。招标人要求提交投标保证金的，应当在招标文件中明确投标保证金的数额、有效期及提交方式。投标保证金不得超过招标项目估算价的2%，投标保证金的有效期应当大于或等于投标有效期。依法必须进行招标项目的境内投标单位，以现金或者支票形式提交的投标保证金应当从基本账户中转出。

招标文件中应明确因招标人原因终止招标的，招标人应当及时退还所收取的投标保证金及银行同期存款利息。同时，招标文件中应明确招标人最迟应当在书面合同签订后5日内向中标人和未中标的投标人退还投标保证金及银行同期存款利息。

招标人发售资格预审文件、招标文件收取的费用应当限于补偿印刷、邮寄的成本支出，不得以营利为目的。招标人或招标代理机构可收取招标文件成本费。如果招标人终止招标的，应当及时退还所收取的资格预审文件或招标文件的费用。

（九）不得以不合理的条件限制和排斥潜在投标人或者投标人

招标人编制招标文件时，不得有下列属于不合理条件限制、排斥潜在投标人或投标人的事项：

（1）就同一招标项目向潜在投标人或投标人提供有差别的项目信息；

（2）设定的资格、技术、商务条件与招标项目的具体特点和实际需要不相适应或与合同履行无关；

（3）依法必须进行招标的项目以特定行政区或特定行业的业绩、奖项作为加分条件或中标条件；

（4）对潜在投标人或投标人采取不同的资格审查或评标标准；

（5）依法必须进行招标的项目非法限定潜在投标人或投标人的所有制形式或组织形式；

（6）以其他不合理条件限制、排斥潜在投标人或投标人。

（十）充分利用和发挥招标文件标准文本和示范文本的作用

为了规范招标文件的编制和提高招标文件质量，国务院有关部委组织专家和相关

工作人员编制了一系列招标文件文本或示范文本。因此，应当充分利用和发挥招标文件标准文本或示范文本的积极作用，按规定和要求编制招标文件，以保证和提高招标文件的质量。

三、招标文件的澄清和修改

（一）招标人有权对招标文件进行澄清与修改

招标文件发出以后，招标人可以对发现的错误或遗漏，在规定时间内主动地或在潜在投标人提出问题时进行解答，进行澄清或者修改。

（二）澄清与修改的时限

按照《招标投标法》第二十三条的规定，应当在投标文件截止时间至少 15 日前以书面的形式通知所有购买招标文件的潜在投标人，不足 15 日的，招标人应当顺延提交投标文件的截止时间。

对政府采购项目而言，投标截止时间的修改，至少应当在招标文件要求提交投标文件的截止时间 3 日前进行，以书面形式通知所有购买招标文件的收受人，并在财政部门指定的政府采购信息发布媒体上发布更正公告。

（三）澄清或者修改的内容应为招标文件的组成部分。

招标人可以直接采取书面形式，也可以采用召开投标预备会的方式进行解答和说明，但最终必须将澄清与修改的内容以书面方式通知所有招标文件收受人，而且作为招标文件的组成部分。《政府采购货物和服务招标投标管理办法》第二十七条规定，招标采购单位对已发出的招标文件进行必要澄清和修改的，应在财政部门指定的政府采购信息发布媒介上发布更正公告，并以书面形式通知所有招标文件收受人，该澄清或者修改的内容为招标文件的组成部分。

四、标底及最高投标限价的编制

招标人可以自行决定是否编制标底，招标项目可不设标底，进行无标底招标。标底的编制应掌握以下几点：

（1）任何单位和个人不得强制招标人编制或报审标底，不得干预其确定标底；

（2）一个招标项目只能有一个标底，分标段招标的，按标段编制标底；

（3）标底必须保密；

（4）接受委托编制标底的中介机构不得参加受托编制标底项目的投标，也不得为该项目的投标人编制投标文件或提供咨询。

招标人设有最高限价的，应当在招标文件中明确最高投标限价或最高投标限价的计算方法。招标人不得规定最低投标限价。

第四节 投标文件的编制

投标是招标投标活动的第二阶段，投标人作为招标投标法律关系的主体之一，其投标行为的规范与否将直接影响到最终的招标结果。

一、投标文件的内容及构成

投标人应当按照招标文件的要求编制投标文件。投标文件应当对招标文件提出的实质性要求和条件做出响应。不同的招标项目，投标文件的内容也不尽相同。

（一）工程建设施工项目

按照《工程建设项目施工招标投标办法》第三十六条的规定，工程建设施工项目投标文件的构成一般包括：

（1）投标函；

（2）投标报价；

（3）施工组织设计；

（4）商务和技术偏差表。

（二）工程建设货物项目

根据《工程建设项目货物招标投标办法》第三十三条的规定，工程建设货物项目的投标文件一般包括：

（1）投标函；

（2）投标一览表；

（3）技术性能参数的详细描述；

（4）商务和技术偏差表；

（5）投标保证金；

（6）有关资格证明文件；

（7）招标文件要求的其他内容。

（三）机电产品国际招标项目

《机电产品采购国际竞争性招标文件》中规定，机电产品国际招标项目的投标文件一般包括：

（1）投标书格式

（2）投标分项报价表；

（3）开标一览表；

（4）产品说明一览表；

（5）技术规格偏离表；

（6）商务条款偏离表；

（7）投标保证金保函格式；

（8）法定代表人授权书格式；

（9）资格证明文件；

（10）履约保证金保函格式；

（11）预付款银行保函格式；

（12）信用证样本；

（13）其他所需资料。

（四）建筑工程方案设计招标项目

建筑工程方案设计投标文件一般包括商务文件和技术文件。对于政府或国有资金投资的大型公共建筑工程项目，招标人应当在招标文件中明确参与投标的设计方案必须包括有关使用功能、建筑节能、工程造价、运营成本等方案的专题报告。

（五）政府采购货物和服务项目

政府采购货物和服务项目的投标文件一般由商务部分、技术部分、价格部分和其他部分组成。另外，投标人根据招标文件载明的标的采购项目的实际情况，拟在中标后将中标项目的非主体、非关键性工作交由他人完成的，也应当在投标文件中载明。

二、投标文件的编制

投标人应当按照招标文件的要求编制投标文件。投标文件应当对招标文件提出的实质性要求和条件做出响应。实质性要求和条件一般包括投标文件的签署、投标保证金、招标项目完成期限、投标有效期、重要的技术规格和标准、合同条款及招标人不能接受的其他条件等。投标人在编制投标文件时，必须严格按照招标文件的要求编写投标文件，认真研究、正确理解招标文件的全部内容，不得对招标文件进行修改，不得遗漏或回避招标文件的问题，更不能提出任何附带条件等。

（一）投标文件的编制原则

投标文件是投标阶段的书面成果，是评标委员会评审的主要依据。为了使投标更具有竞争优势，在制定投标文件时应掌握以下几个原则：

（1）严格按照招标文件的要求，提供所有必需的资料和材料。投标人应当按照招标文件规定的格式和要求编制投标文件。所编制的投标文件应当对招标文件提出的实质性要求和条件做出一一响应，不能存在遗漏或重大偏离，否则将被视为废标。如招标项目属于建设施工项目，投标文件的内容应当包括拟派出的项目负责人与主要技术人员的简历、业绩和拟用于完成招标项目的机械设备等。

（2）投标文件中的语言力求准确、严谨、完整。因为投标文件可以直接地反映出投标人的经营思想和基本素质，所以，只有严谨的思维逻辑，才能使招标人很好地理解投标文件所表达的含义，并相信投标人有能力完成该项目。

（3）投标文件发出之前，投标文件必须进行严格的密封。如需要进行补充和修正，应在招标文件规定的日期前进行。

（二）编制投标文件的注意事项

编制投标文件时应注意以下几点：

（1）投标人根据招标文件的要求和条件填写投标文件内容时，凡要求填写的空格均应填写，否则被视为放弃意见。实质性的项目或数字如工期、质量等级、价格等未填写的，将视为无效或作废的投标文件进行处理。

（2）投标报价进行调整以后，要认真反复审核标价。单价、合价、总价及其大小写数字均需仔细核对，保证分项和汇总计算及书写的准确无误性，才能开始填写投标书等投标文件。

（3）投标文件中不应具有涂改和行间插字。除非这些删改是根据招标人的要求进行的，或者是投标人造成的必须修改的错误。修改处应由投标文件签字人签字证明并加盖公章。

（4）投标文件应使用不能擦去的墨水打印或书写，不允许使用圆珠笔，最好使用打印的形式。各种投标文件的填写都要求字迹清晰、端正，补充设计图纸要整洁、美观。所有投标文件均应由投标人的法定代表人签署、盖章，并加盖单位公章。

（5）编制的投标文件分为正本和副本。正本只有一份，副本应按照招标文件前附表所述的份数提供。投标文件正本和副本如不一致时，以正本为准。

（6）投标文件编制完成以后应按照招标文件的要求整理、装订成册。要求内容完整、纸张一致、字迹清楚、美观大方。整理时，一定不要漏装，若投标文件不完整，则会导致投标无效。

（7）在封装时，投标人应将投标文件的正本和每份副本分别密封在内层包封，再密封在一个外层包封中，并在内包封上正确表明"投标文件正本"和"投标文件副本"。内层和外层包装都应写明招标人名称和地址、合同名称、工程名称、招标编号，并注明开标以前不得开封。内层包封上应写明投标人的名称和地址、邮政编码，以便投标出现逾期送达时能原封不动退回。

除此之外，投标文件有下列情形之一的，在开标时将被作为无效或作废的投标文件，不能参加评标：①投标文件未按规定密封；②未经法定代表人签署，或未加盖投标人公章，或未加盖法定代表人印章；③未按规定的格式填写的，内容不全或字迹模糊、辨认不清的；④投标截止时间以后送达的投标文件。

三、投标报价的最终确定

标价的设计就是按照招标项目的技术要求和图纸，按计价模式计算其计价成本或按结构比例法递推其计价成本，然后加上企业某阶段的平均利润和应纳税金额确定一个基数价格，实际报价则以基数价格为依据，由拟获利润的多少或边际贡献的大小来调节。标价设计的方法分静态基数价格和动态决策价格两种。

标价基数即静态基数价格，它是以投标企业的个别成本或测算的成本为依据而确定的价格。计价成本一般采用成本加成法来确定标价基数，即在成本上加企业年度平均利润和应纳税金来确定。标价基数未考虑社会成本对盈利的制约因素以及企业之间的竞争因素。但它是确定决策价格即实际报价的基础。

（一）常规决策法

预测静态基数价格是为了达到知己的目的，而标价的形成是由内部和外部两大因素所决定的，所以当基数价格确定以后，首先要研究分析招标对象的特点，确定企业报价策略。招标对象的特点主要体现在招标的目的和要求上。也就是说，招标单位迫切需要解决的问题是什么，是以提高质量为主，以降低成本为主，还是两者兼而有之；或者以缩短工期为目的，快速完成工程设备项目任务。根据这些特点，确定报价策略。例如：招标企业如果以产品质量为主，标价可定得高一些；招标企业如果以降低成本为主，标价可定得低一些；如果两者兼而有之，就得根据竞争环境对企业的影响程度来决定标价水平的高低。又如：工期紧迫，需要加班加点完成的工程设备项目标价可定得高一些；工期宽松的工程设备项目标价可定得低一些。在可能的条件下，对标底也进行估计，做到知己知彼，以提高投标的中标率。其次，研究分析竞争对手特点，确定竞争策略。竞争对手特点是指投标单位质量、信誉、设备能力、技术力量、服务态度、管理水平等方面所表现出来的优势或劣势。通过调查研究，选择对本企业威胁较大的投标单位作为模拟竞争对手；通过对比、分析，了解自己和竞争对手的投标优势和劣势，扬长避短，发挥自己的竞争优势。

另外，投标单位还可以根据自己生产任务的饱满程度来决定报价水平的高低。如果生产任务较饱满，标价可定得高一些；如果生产任务不足，标价可定得低一些。除了对招标单位和竞争对手的特点进行研究分析外，对初步确定的标价方案本身也要复验和比较选择。复验是指投标单位对已编制好的标价方案再进行全面、系统的审核和复查。一个好的标价方案不是一次就能完成的，随着投标单位对工程设备项目细节的逐步了解，标价方案需不断地进行补充、修改和完善。所谓比较选择是指投标单位对几种不同的标价方案进行优劣对比。决策价格是一个多方面、多层次的目标组合体，评价一个标价方案须看总体功效，不能只看部分目标的功效。企业可对不同目标在报价中的重要程度进行分等打分，汇总后确定优劣与取舍。

（二）中标概率决策法

投标报价遵循的准则首先要争取中标，其次要尽量获得较多的利润。前者制约报价不能太高，否则无中标机会；后者制约报价不能太低，否则可能发生亏损。在成本估算出来后，如何计算投标价格，还可以采用中标概率按照最大期望利润原则来确定。其计算公式为：

利润＝报价－含税完全成本

期望利润额＝利润×中标概率

在上述公式中，利润仅仅是个理论值，企业在实际报价过程中，究竟以什么价格才能达到既中标的目的又能获得相对较大的利润，关键在于期望利润的取值。中标概率和利润的大小是向着两个不同方向变化发展：利润越大，中标概率越小；利润越小，中标概率越大。最佳期望利润额取决于中标概率和利润相互制约后的中界值。根据收集资料的多少，中标概率可由以下方法来估算：

（1）从招标公司或投标单位收集同种工程设备项目不同时期的中标价格，根据中标价格与本单位含税完全成本的百分比，求出中标概率。

（2）如果没有上述历史资料，但可求得本单位某种报价相当于含税完全成本的百分比，又能估计出某种报价可能战胜各个不同竞争对手的概率，则某种报价的中标概率为战胜各竞争对手概率的连乘积。其计算公式如下：

报价中标概率＝某种报价战胜 A 的概率×战胜 B 的概率×战胜 C 的概率×……战胜最后一家的概率

例如：某投标单位参加某项工程项目投标，已知主要竞争对手有 A、B、C 三家。当报价相当于成本的 115% 时，估计战胜 A 的可能性为 85%，占胜 B 的可能性为 80%，战胜 C 的可能性为 95%，则中标概率＝85%×80%×95%＝64.6%。

（3）如果仅能估计出报价对某一竞争者的获胜概率，其他情况不甚了了，则投标单位中标概率等于战胜某一竞争者的概率的若干次数的自乘积。

四、投标文件的修改与撤回

投标文件的修改是指投标人对已经递交给招标人的投标文件中的内容进行修订，或对遗漏和不足部分进行增补。投标文件的撤回是指投标人收回已经递交给招标人的投标文件，不再投标，或以新的投标文件重新投标。

投标文件的修改或撤回文件必须在投标文件递交截止时间之前进行。《招标投标法》第二十九条规定，"投标人在招标文件要求提交投标文件的截止时间之前，可以补充、修改或者撤回已提交的投标文件，并书面通知招标人。"投标截止时间之后至投标有效期满之前，投标人对投标文件的任何补充、修改，招标人不予接受，撤回投标文件的还将被没收投标保证金。

《招标投标法实施条例》第三十五条规定，投标人撤回已提交的投标文件，应当在投标截止时间前书面通知招标人。招标人已收取投标保证金的，应当自收到投标人书面撤回通知之日起 5 日内退还。投标截止后投标人撤销投标文件的，招标人可以不退还投标保证金。

五、投标文件的签署与密封

《招标投标法实施条例》第三十六条规定，未通过资格预审的申请人提交的投标文件，以及逾期送达或者不按照招标文件要求密封的投标文件，招标人应当拒收。招标人应当如实记载投标文件的送达时间和密封情况，并存档备查。

六、投标文件的送达与签收

（一）投标文件的送达

（1）投标文件的提交截止时间。投标文件必须在招标文件规定的投标截止时间之前送达。

（2）投标文件的送达方式。它包括直接送达和邮寄送达两种方式。邮寄方式送达应以招标人实际收到时间为准，而不是以"邮戳为准"。

（3）投标文件的送达地点。送达地点必须严格按照招标文件规定的地址送达。

（二）投标文件的签收

投标文件按照招标文件的规定时间送达后，招标人应签收保存。在开标前任何单位和个人不得开启投标文件。

（三）投标文件的拒收

《招标投标法实施条例》第三十六条规定了招标人可以按照法律规定拒收或不予受理投标文件的情形有三：一是未通过资格预审的申请人提交的投标文件；二是逾期送达的投标文件；三是不按照招标文件的要求密封的投标文件。

（1）对于工程建设项目，逾期送达的或者未送达指定地点的，未按招标文件要求密封的，招标人可以拒绝受理。

（2）对于机电产品国际招标项目，未在规定的投标截止时间之前提交投标的，未在中国国际招标网上进行免费注册的，招标人可以拒绝受理。

（3）对于政府采购项目：在招标文件要求提交投标文件的截止时间之后送达的投标文件，为无效投标文件，招标采购单位应当拒收。

七、投标保证金

（一）投标保证金的提交

投标人在提交投标文件的同时，应按招标文件规定的金额、形式、时间向招标人提交投标保证金，并作为其投标文件的一部分。投标保证金的提交，一般应注意以下几个问题：

（1）投标保证金是投标文件的必须要件，是招标文件的实质性要求，投标保证金不足、无效、迟交、有效期不足或者形式不符合招标文件要求等情形，均将构成实质性不响应而被拒绝或废标。

（2）对于工程货物招标项目，招标人可以在招标文件中要求投标人以自己的名义提交投标保证金。

（3）对于联合体形式投标的，投标保证金可以由联合体各方共同提交或由联合体中的一方提交。以联合体中一方提交投标保证金的，对联合体各方均具有约束力。

（4）投标保证金作为投标文件的有效组成部分，其递交的时间应与投标文件的提交时间要求一致，即在投标文件提交截止时间之前送达。投标保证金送达的含义根据投标保证金形式而异，通过电汇、转账、电子汇兑等形式的应以款项实际到账时间作为送达时间，以现金或见票即付的票据形式提交的则以实际交付时间作为送达时间。

（二）投标保证金的形式

投标保证金的形式一般有以下几种：①银行保函或不可撤销的信用证；②保兑支票；③银行汇票；④现金支票；⑤现金；⑥招标文件中规定的其他形式。在招标投标实践中，招标人可以在法律法规允许投标保证金形式之外，规定其他可接受的形式。

如银行电汇或电子汇兑等。目前，对于不同类别的招标项目，投标保证金的形式也不尽相同。

1. 工程建设项目

投标保证金除现金外，可以是银行出具的银行保函、保兑支票、银行汇票或现金支票，也可以是招标人认可的其他合法担保形式。

2. 机电产品国际招标项目

投标保证金可采用：①银行保函或不可撤销信用证；②银行本票、即期汇票、保兑支票或现金；③招标文件规定的其他形式。

3. 政府采购项目

投标保证金可以采用现金支票、银行汇票、银行保函等形式交纳。

（三）投标保证金的有效期

投标保证金的有效期通常自投标文件提交截止时间之前，保证金实际提交之日起开始计算，投标保证金的有效期限应覆盖或超出投标有效期。

《工程建设项目施工招标投标办法》第三十七条规定，投标保证金有效期应当超出投标有效期 30 天。《工程建设项目货物招标投标办法》第二十七条规定，投标保证金有效期应当与投标有效期一致。

（四）投标保证金的金额

投标保证金的金额通常有相对比例金额和固定金额两种方式。相对比例是取投标总价作为计算基数。

1. 工程建设项目

《工程建设项目施工招标投标办法》和《工程建设项目货物招标投标办法》均规定，投标保证金一般不得超过投标总价的 2%。

2. 勘察设计项目

《工程建设项目勘察设计招标投标办法》第二十四条规定，招标文件要求投标人提交投标保证金的，保证金数额一般不超过勘察设计费投标报价的 2%，最多不超过 10 万元人民币。

3. 政府采购项目

《政府采购货物和服务招标投标管理办法》第三十六条规定，招标采购单位规定的投标保证金数额，不得超过采购项目概算的 2%。

第三章 招标投标模拟实训组织与实施

第一节 发布招标公告、编制招标文件

一、招标公告的编制和发布

招标方式分为公开招标和邀请招标两种方式。在整个实训阶段，招标都采用公开招标的方式。采用公开招标，首先发布招标公告。招标公告是指招标单位或招标人在进行科学研究、技术攻关、工程建设、合作经营或大宗商品交易时，公布标准和条件，提出价格和要求等项目内容，以期从中选择承包单位或承包人的一种文书。招标公告应该公开发布在发展和改革委员会指定的媒介上，包括信息中心发布、广播发布、电子发送三种模式。

招标公告是公开招标时发布的一种周知性文书，要公布招标单位、招标项目、招标时间、招标步骤及联系方法等内容，以吸引投资者参加投标。其通常由标题、标号、正文和落款四部分组成。编制招标公告时需注意：①招标项目名称的拟定与招标项目内容有关，能够体现出招标项目的性质，能够吸引潜在投标者的注意。②项目采购编号一般由招标单位名称的英文编写、年度和招标公告的顺序号组成。项目名称和项目采购编号的填写一定要正确，招标文件和投标文件中的采购编号和项目名称都是参照招标公告中的填写。③招标范围和方式。招标范围按照区域来写，可分为国内和国外两种；招标方式分为公开招标和邀请招标。④最高限价是本次招标项目最高控制价，也就是投标人投标报价的上限，不能超过，否则视为废标。⑤投标人的要求。主要根据公司财务状况、资质、人才构成和是否具有类似交易案例等情况编制。⑥评标方法。按照现行的评标办法，可分为综合评审法和最低价中标法。在此处填写时，可只填写相关办法的名称，详细规则可放于招标文件中叙述。

例如，某某招标项目招标公告的填写：

采购编号：由招标代理机构确定（编号一般由招标单位名称的英文编写、年度和招标公告的顺序号组成）

项目名称：××××项目（能够反映招标项目的特点）

招标范围及形式：公开招标

委托单位：招标方单位名称

最高限价：人民币最高控制价（元）

采购机构全称：招标代理机构名称

招标货物名称及数量：按照招标人的要求填写

简要技术要求/招标项目的性质：

①技术要求：按照招标人的要求填写，即产品的技术要求。②招标项目的性质：是否为国有资金，是国内招标还是国际招标

对投标人的资格要求：企业的资质、财务状况、人才结构、近三年的类似案例等

评标方法和标准：综合评审法或最低价中标法，详细评分细则见招标文件

获取招标文件方式：购买

招标文件售价：500元（人民币招标文件的工本费）

询标时间：2012年12月1日9时00分

询标地点：四川省乐山市肖坝路222号

询标内容：与招标项目相关事宜

联系人：张一一

联系电话：×××××××××××

投标截止时间、开标时间：2012年12月31日9时00分

投标、开标地点：四川省乐山市肖坝路222号

注意事项：需特别提醒潜在投标人应注意的事项

项目负责人：张一一

联系电话：×××××××××××

传真电话：××

E-MAIL：××

联系地址：四川省乐山市肖坝路222号

邮政编码：××××××

招标公告编制完成，紧接着就是发布。发布招标公告时需注意：①发布的媒介必须是国家规定的，如《中国日报》《中国经济导报》《中国建设报》《中国采购与招标网》四家，数量至少一家以上。②在多家媒介中发布时，招标公告的内容必须完全一致。

二、招标文件的制作与发售

不同的招标项目，招标文件的内容也不同。一般情况下，招标文件应当包括招标项目的技术要求、对投标人资格审查的标准、投标报价要求和评标标准等所有实质性要求和条件以及拟签订合同的主要条款。国家对招标项目的技术、标准有规定的，招标人应当按照其规定在招标文件中提出相应要求。招标项目需要划分标段、确定工期的，招标人应当合理划分标段、确定工期，并在招标文件中载明。招标文件主要可分为可变内容和不可变内容。不可变内容相当于合同文本中的格式条款，可变内容则是根据招标项目的实际情况和招标人的具体要求来编制的。对于招标文件的编制，本书主要讲解可变内容的编写，不变内容详见附件1招标文件。

招标文件是招标公告的具体化和补充，招标项目的名称和编号都必须与招标公告

保持一致。在编制时，明确具体规定投标截止时间、投标文件的递交时间地点、联系人、产品的性能和数量、投标人的具体要求、评标办法。

（1）招标项目的投标截止时间、投标文件的递交时间和地点填写。时间以年月日时分的形式填写，精确到分，地点以省市区路号来填写。

（2）产品的性能和数量编制。招标项目的产品性能应根据其功能、硬件、软件等方面来描述。若有售后服务要求，则需要根据安装、包换包退期、保修期、维修方式等内容来编制。数量要是有多种产品，则按照产品种类分别填写，不能产生歧义。

例如，某手机采购招标项目的技术要求和数量的填写：

手机类型：智能手机。网络制式：支持 TD-SCDMA，支持 GPRS/EDGE/HSDPA。摄像头：800 万像素。体积重量：137×69×9.9mm，158g。操作系统 Android OS 4.2。支持蓝牙，具有 WIFI 功能。

技术文件：

提供产品技术指标和使用、维护所需的全部技术资料及说明书。

操作手册 1 份。

技术服务：

①产品服务。

第一，保修期至少 1 年以上，非使用者人为损坏，3 个月内包退。

第二，免费送货上门，免费安装、调制系统。

②响应时间。

签订合同，一周以内需响应，具体日期双方可协商。

订货数量：2 000 台

（3）投标人的具体要求。投标人的具体要求应从资质、财务状况、人才构成、是否具有类似成果的案例等。

例如，某手机采购招标项目的投标人的要求的填写：

投标人资格要求：

①具有独立承担民事责任的能力；

②具有良好的商业信誉和健全的财务会计制度；

③具有履行合同所必需的设备和专业技术能力；

④有依法缴纳税收和社会保障资金的良好记录；

⑤参加政府采购活动前三年内，在经营活动中没有重大违法记录；

⑥具有良好的履约和售后服务能力，并配有较强的技术队伍，提供快速的售后服务。

三、编制投标文件

（一）投标公司小组

依据招标文件的要求，根据企业的实际情况，编制技术标准和商务标准。根据招标文件的目的和要求，首先计算基础标价，然后分析竞争环境、对利润率和中标率进行权衡，最后确定最终报价。完成投标文件的编制以后，按照要求进行投标文件的封装，在规定的时间将投标文件递交到规定的地点。

（二）招标公司小组

（1）招标公司小组对招标文件的内容进行讲解，针对投标公司小组提出的问题，进行答疑。

（2）对投标公司资质进行审查。

（3）开标与评标准备工作。

人员分配：选择开标会的主持人，熟悉开标会流程（1 人）；布置开标大会会场（1 人）；记录人员（1 人）；评审委员会人员（2 人）；机动人员（1 人）。

四、开标、评标、定标等环节

（一）开标

第一步，介绍与会人员（主要指招标单位人员、交易中心和监督人员）。

第二步，两阶段开标和评标的，要密封第二阶段标书，并请各投标人签名；宣布第二阶段开标的时间和地点。

第三步，进行唱标（唱标内容事先准备好，主要内容包括投标文件的密封性是否完好，核对法定代表人的证书和法定代表人授权书的有效性，并校验投标单位的法定代表人或其委托代理人的身份证原件等），同时在开标汇总表上做好记录。

第四步，投标单位的法定代表人或其委托代理人在开标记录表上签字确认。

第五步，投标单位退场，进入评标阶段。

（二）评标

（1）工作人员在评标前要准备好评标场地和设施。

（2）组织评委签到，发放招标文件、答疑纪要、铅笔、计算器等资料（用资料袋装好），召开标前会（介绍与会人员、项目概况、评标方法、定标原则；选举评标小组长），由组长负责整个评标过程、推荐中标候选单位、形成评标报告。

（3）评标前，工作人员要核对将发给评委的评标参考资料是否准确、齐全，并会同招标人召开评标委员会预备会。其内容包括：宣读评标纪律、解释评标办法、介绍工程概况、推选评标小组组长。

（4）配合招标人做好保密工作，与评标无关的人员不得进入评标室，任何人不得泄露评委名单，不得索要评委通信方式和向他人透露评标有关情况。

（5）评标过程中，评标专家如遇到困难，工作人员在职权范围内给予帮助和解决，为评标专家创造良好的评标环境。

（6）服从评委的安排，做好招待、协助等工作。

（7）工作人员不得透露对投标文件的评审和比较、中标候选人的推荐情况以及与评标有关的其他情况，不得干扰和左右评标专家打分，不得暗示或左右评标委员会的评标结果。

（8）专家评标结束后，工作人员要依法核实各评标专家的打分值及评标报告，如发现问题应让评标专家自己及时纠正。

（三）中标

根据评标的结果，发布中标公告，同时以中标通知书的形式通知中标人，同时未中标的发放未中标通知书。

（四）签订合同

招标单位与中标人就该项项目签订合同。

（五）课程总结

点评投标的投标报价策略（是否考虑了中标概率和利润率的平衡）；点评招标公告、招标文件、投标文件中的问题或错误。

第二节　案例讲解

案例背景：甲方为中环球贸易有限责任公司，乙方为某手机制造企业，甲方委托中信招标代理公司采购一批手机。手机的技术参数如下：手机类型：智能手机。网络制式：支持 TD-SCDMA，支持 GPRS/EDGE/HSDPA。摄像头：800 万像素。体积重量：$137 \times 69 \times 9.9$mm，158g。操作系统 Android OS 4.2。支持蓝牙，具有 WIFI 功能。智能手机的采购数量为 20 000 台。

一、编制并发布招标公告

（略）

二、招标文件的编制与出售

（一）招标文件的编制

招标人应当根据招标项目的特点和需要编制招标文件。招标文件应当包括招标项目的技术要求、对投标人资格审查的标准、投标报价要求和评标标准等所有实质性要求和条件以及拟签订合同的主要条款。国家对招标项目的技术、标准有规定的，招标人应当按照其规定在招标文件中提出相应要求。招标项目需要划分标段、确定工期的，招标人应当合理划分标段、确定工期，并在招标文件中载明，详见附表。

（二）招标文件的出售

招标代理机构编制完招标文件，安排特定人员做好准备出售招标文件的工作，并做好登记工作。同时，对招标项目感兴趣的潜在投标人应在招标公告规定的时间、规定的地点购买招标文件，并填写招标文件购买登记表（见表3-3-1）。

表 3-3-1 　　　　　　　　　　　购买招标文件登记表

（登记招标文件销售情况）

序号	招标编号	项目名称	投标单位名称	联系人	联系电话	购买价格

三、投标人编制并递交投标文件

（一）投标文件的编制

投标人购买招标文件，参加完标前会议后，就开始着手编制招标文件。投标人首先取得招标文件，认真分析研究后（在现场实地考察）编制投标书。投标书编写实质上是一项有效期至规定开标日期为止的技术标书和商务标书的编写，内容必须十分明确，中标后与招标人签订合同所要包含的重要内容应全部列入，并在投标有效期内不得撤回标书、变更标书报价或对标书内容做实质性修改。

《招投标法》对投标文件进行了严格的规定，这不仅体现在投标文件的内容上，还体现了投标文件的形式上。投标文件的密封是不能忽视的一个问题，自递交到开标时，要求投标文件密封完好，否则招标人和投标人都要追究法律责任。对于投标文件的封面，除了投标法定代表人、投标代表签字和盖章以外，对于密封口要盖公司章，防止他人拆封。

（二）投标文件的递交

在招标文件中通常就包含有递交投标书的时间和地点，投标人不能将投标文件送交招标文件规定地点以外的地方。如果投标人因为递交投标书的地点发生错误，而延误投标时间的，将被视为无效标而被拒收。投标人应在规定时间之前把投标文件递交到规定的地点，交给招标人。招标人收到标书以后应当签收，不得开启。为了保护投标人的合法权益，招标人必须履行完备的签收、登记和备案手续。签收人要记录投标文件递交的日期和地点以及密封状况，签收人签名后应将所有递交的投标文件放置在保密安全的地方，任何人不得开启投标文件（见表 3-3-2）。

表 3-3-2   **投标企业登记表**
                       （登记投标企业投递标书情况）

项目编号：   年　月　日

序号	投标单位名称	投标包号	密封情况	联系人/联系电话

　　为防止投标人在投标后撤标或在中标后拒不签订合同，招标人通常都要求投标人提供一定比例或金额的投标保证金，投标保证金通常不超过项目估算价格的2%。招标人决定中标人后，未中标的投标人已缴纳的保证金即予退还。投标保证金的形式一般为银行保函或不可撤销的信用证、保兑支票、银行汇票、转账支票或现金支票、现金、招标文件规定的其他方式等。投标人在递交投标文件的同时，应递交投标保证金，并做好登记。见表3-3-3。

表 3-3-3   **投标保证金缴纳情况登记表**
                       （登记各投标企业投标保证金缴纳情况）

项目编号：   年　月　日

序号	投标单位名称	联系人	联系电话	金额	方式

四、招标代理机构组织开标、评标、定标，确定中标人

（一）开标

开标由招标代理机构主持，开始时间即为投标文件递交的截止时间，参与人员包括招标方代表、投标人代表、公证人、法律顾问等。开标大会开始之前，与会人员到招标接待处签到。

开标时，首先应该当众检查投标文件的密封情况；招标人委托公证机构的，可由公证机构检查并公证。一般情况下，投标文件是以书面形式、加具签字并装入密封信袋内提交的。所以，无论是邮寄还是直接送到开标地点，所有的投标文件都应该是密封的。这是为了防止投标文件在未密封状况下失密，从而导致相互串标，更改投标报价等违法行为的发生。只有密封的投标，才被认为是形式上合格的投标（即是否实质上符合招标文件的要求暂且不论），才能被当众拆封，并公布有关的报价内容。投标文件如果没有密封，或发现曾被拆开过的痕迹，应被认定为无效的投标，应不予宣读。其次，为了保证投标人及其他参加人了解所有投标人的投标情况，增加开标程序的透明度，所有投标文件（指在招标文件要求提交投标文件的截止时间前收到的投标文件）的密封情况被确定无误后，应将投标文件中投标人的名称、投标价格和其他主要内容向在场者公开宣布。考虑到同样的目的，还需将开标的整个过程记录在案，并存档备查。开标记录一般应记载下列事项，由主持人和其他工作人员签字确认：①案号；②招标项目的名称及数量摘要；③投标人的名称；④投标报价；⑤开标日期；⑥其他必要的事项。见表3-3-4。

表3-3-4　　　　　　　　　　　开标记录表

投标人名称	报价（元）		交货期	质量标准	投标人确认
	投标报价	优惠后报价			

开标人：　　　　　　　　　　记录人：　　　　　　　　　　复核人：

（二）评标

评标即是对所有的投标书进行审查和评比的过程。评标由评标委员会负责。评标委员会由具有高级职称或同等专业水平的技术、经济等相关领域的专家、招标人和招标机构代表等五人以上单数组成，其中技术、经济等方面专家人数不得少于成员总数的2/3，与投标人有利害关系的人不得进入相关项目的评标委员会，已经进入的应当更换。开标前，招标机构及任何人不得向评标专家透露其即将参与的评标项目内容及招标人和投标人有关的情况。评标委员会成员名单在评标结果公示前必须保密。招标人和招标机构应当采取措施保证评标工作在严格保密的情况下进行。

在评标工作中，任何单位和个人不得干预、影响评标过程和结果。评标委员会应严格按照招标文件规定的商务、技术条款对投标文件进行评审，招标文件中没有规定的任何标准不得作为评标依据，法律、行政法规另有规定的除外。评标委员会的每位成员在评标结束时，必须分别填写评标委员会成员评标意见表，评标意见表是评标报告必不可少的一部分。

采用最低评标价法评标的，在商务、技术条款均满足招标文件要求时，评标价格最低者为推荐中标人；采用综合评价法评标的，综合得分最高者为推荐中标人。

对投标文件中含义不明确的内容，可要求投标人进行澄清，但不得改变投标文件的实质性内容。澄清要通过书面方式在评标委员会规定的时间内提交。澄清后满足要求的按有效投标接受。

通过评标，评标委员会根据评审办法，为投标文件进行排序，确定得分最高的前三名作为中标候选人，并填写《评标报告》递交给招标人。招标人在收到《评标报告》后，从评审委员会确定的三名候选人中通过议标的方式选择最终中标人。其中议标的内容主要包括：①降低标价；②缩短交货期；③改善支付条件；④提出新的施工或设计方案；⑤免费增加服务。评标报告由评标委员会填写，填写的内容主要包括汇总投标人的最终得分，从高到低进行汇总登记；最后确定得分前三名的为中标候选人。见图3-3-1所示。

五、评标结果（按评分高低排序）

（1）

（2）

（3）

（4）

六、推荐（施工或监理）中标候选人

第一名：

第二名：

第三名：

图3-3-1　评标报告（节选）

（三）发布中标通知书、中标人与招标人签订合同

经过定标环节，招标人收到评标委员会的评标报告，在推荐的中标候选人中选择

一个作为最终的中标人。至此，本次招标的中标人已经确定。接下来的工作就是发布本次招标的结果，通知中标人其投标已经被接受，向中标人发出授标意向书；通知所有木中标的投标人，并向他们退还投标保函等。

　　中标人在收到中标通知书后，根据中标通知书规定的时间、地点与招标人签订合同，递交履约保函。签订完合同，招标人应支付招标代理机构服务费用。

　　在填写《中标公告》（见图 3-3-2）、《中标通知》（见图 3-3-3）、《合同书》时，以招标公告、招标文件、投标文件为准，内容一定要保持一致。

中标公告

　　采购人（公章）：招标单位签字盖章

　　地址：公司地址联系方式：

　　采购代理机构（公章）：招标代理机构

　　地址：联系方式：

　　招标项目名称、用途、数量、简要技术要求及合同履行日期：

　　内容应与招标文件一致，

　　定标日期：　年　　月　　日

　　招标文件编号：与招标文件中一致

　　本项目招标公告日期：年　　月　　日

　　中标供应商名称：

　　中标供应商地址：

　　中标金额：中标价

　　本项目联系人：联系电话：

图 3-3-2　中标公告

中标通知

项目编号：与招标文件一致

中标单位名称公司：

　　招标代理机构主办项目名称项目评标工作已结束，根据有关规定，确定你单位为中标人。

请你方派代表于年月日（时间间隔不得多余 30 天）前至××地点与我方洽谈合同。

　　你方中标条件如下：

　　中标范围和内容：项目范围

　　中标价：

　　中标工期：若是采购项目，则是交货期

　　中标质量：

　　中标项目经理姓名：

　　资质等级：

　　证书编号：

招标人：（公章）
法定代表人：（签名或盖章）
　年　月　　日

图 3-3-3　中标通知

附表 1

招标文件

项目名称：　智能手机采购招标项目

采　购　人：　中信招标代理有限责任公司

2013 年 12 月

第一章 投标邀请

   智能手机采购招标项目   项目进行国内内部招标，现欢迎国内具备资质的生产企业以密封标书的方式前来投标。

1. 招标编号： ZX001

2. 采购方式：公开招标

3. 招标项目、数量：（详见第二章采购项目内容及要求）

4. 资金性质： 企业自有

5. 投标人资质要求：

5.1 具有独立承担民事责任的能力；

5.2 具有良好的商业信誉和健全的财务会计制度；

5.3 具有履行合同所必需的设备和专业技术能力；

5.4 有依法缴纳税收和社会保障资金的良好记录；

5.5 参加政府采购活动前三年内，在经营活动中没有重大违法记录；

5.6 具有良好的履约和售后服务能力，并配有较强的技术队伍，提供快速的售后服务。

6. 投标截止时间： 2013 年 1 月 4 日 15 时 00 分，逾期收到的或不符合规定的投标文件将被拒绝。

7. 评标时间： 2013 年 1 月 5 日（具体时间另行通知）。

8. 投标文件递交地点： ××省××市××区××路××号

9. 投标人对本次招标活动事项提出疑问的，请在投标截止时间1日之前，以信函或传真的形式与招投标中心联系。

10. 采购单位联系人：中信招标代理有限责任公司

地　　址： ××省××市××区××路××号

   中信招标代理有限责任公司企业

   2012 年 12 月

第二章 采购项目内容和要求

一、项目所在地

   ××省××市××区××路××号（交货地点）

二、技术要求

手机类型：智能手机。

网络制式：支持 TD-SCDMA，支持 GPRS/EDGE/HSDPA。

摄像头：800 万像素。

体积重量：137×69×9.9mm，158g。

操作系统 Android OS 4.2。

支持蓝牙，具有 WIFI 功能。

技术文件：

提供产品技术指标和使用、维护所需的全部技术资料及说明书。

操作手册 1 份。

技术服务：

1. 产品服务。

第一，保修期至少一年以上，非使用者人为损坏，三个月内包退。

第二，免费送货上门，免费安装、调制系统。

2. 响应时间。

签订合同，一周以内需响应，具体日期，双方可协商。

订货数量　2000 台

三、验收标准和验收方法：

6.1　验收标准：产品按照生产厂家的产品验收标准（投标人投标时提供）、招标文件、国家标准及合同的相关条款。

6.2　验收方法：

6.2.1　到货验收：交货时，中标人须提供产品功能清单，由采购人与中标人共同验收。

6.2.2　最终验收：安装、调试结束后，由中标人负责并会同采购人及有关管理部门按规定标准验收。最终验收所发生的一切费用由中标人承担。

四、交货要求：

合同签订后 3 个月内将货物送达到买方指定地点。

五、付款方式：

90%安装完成支付，10%验收合格后 7 日内付清。

六、履约保证金、质量保证金：

6.1　履约保证金

签订合同前，供货人应向采购人提交中标总金额的 5%作为履约保证金。

6.2　质量保证金

合同签订后，供货人将签订合同前提交的履约保证金转为货物的质量保证金，该保证金自货物验收合格之日起质保期满后，若无发现质量问题则无息退还。

七、注意事项：

1. 投标人应遵守国家有关法律、规章，不得提供虚假资料，不得串通报价；中标人产生后，不得拒绝签订《采购合同》。

2. 中标人应认真履行《采购合同》，做好售后服务工作，否则采购管理部门将按有关规定进行处罚。

3. 投标文件一旦递交，概不退还。

4. 本次招标不单独提供招标货物使用地的自然环境、气候条件、公用设施等情况，投标人被视为熟悉上述与履行合同有关的一切情况。

第三章　投标人须知

项号	编列内容
1	项目名称：＿智能手机采购招标项目＿ 采购单位名称：＿＿中信招标代理有限责任公司＿ 项目内容：详见本招标文件第二章的采购项目内容及要求 项目编号：＿ZX001＿
2	投标人资格要求： （1）具有独立承担民事责任的能力； （2）具有良好的商业信誉和健全的财务会计制度； （3）具有履行合同所必需的设备和专业技术能力； （4）有依法缴纳税收和社会保障资金的良好记录； （5）参加政府采购活动前三年内，在经营活动中没有重大违法记录； （6）具有良好的履约和售后服务能力，并配有较强的技术队伍，提供快速的售后服务。
3	投标有效期：投标截止期结束后 60 日。 有效期不足将导致其投标文件被拒绝。
4	投标人只可投其中一包，不可同时投多个包。 投标文件递交地址：＿××省××市××区××路××号（招标代理公司地址）＿ 投标截止时间：2013 年 1 月 4 日 15 时 00 分
5	投标文件正本壹份，副本肆份，投标保证金、投标书和投标一览表应密封在单独的信封或包装内，并在封口加盖投标人公章。其他与总报价有关的价格信息不能体现在投标文件中。
6	评标方法：打分法，分数最高的投标人中标

一、说明

1. 适用范围

1.1　本招标文件仅适用于投标邀请中所叙述的产品及其服务的采购。

2. 定义

2.1　"采购人"系指清华大学软件学院企业联盟中的生产与贸易企业。

2.2　"投标人"系指已经提交或者准备提交本次投标文件的制造商或供货商。

2.3　"货物"系指招标文件第二章"采购项目内容"的货物清单。

2.4　"服务"系指招标文件规定向买方提供的一切产品、工具、手册及其他有关技术资料和材料。

3. 合格的投标人

3.1　凡有能力提供本招标文件要求货物的，具有法人资格的制造商或境内供货商均可能成为合格的投标人。

3.2　投标人应遵守中国的有关法律法规和规章的规定。

3.3　一个投标人只能提交一个投标文件。但如果投标人之间存在下列互为关联关系的情形之一的，不得同时参加本项目投标：

（1）法定代表人为同一人的两个及两个以上法人；

（2）母公司、直接或间接持股50%及以上的被投资公司；

（3）均为同一家母公司直接或间接持股50%及以上的被投资公司。

3.4　投标人不得与本次招标项下设计、编制技术规格和其他文件的公司或提供咨询服务的公司包括其附属机构有任何关联。

3.5　投标人个数的计算：本次投标同一品牌只能由一个供应商投标。若有二个以上的供应商投标同一个品牌的，在全部满足招标文件实质性要求前提下，以报价最低的供应商作为有效投标供应商，其他供应商的投标为无效标。

3.6　同一个法定代表人的两个及两个以上法人、母公司、全资子公司及其控股公司，参加同一项目投标的，以报价最低的投标人作为有效投标供应商，其他投标人的投标为无效标。

3.7　两个或者两个以上投标人可以组成一个投标联合体，以一个投标人的身份投标。

以联合体形式参加投标的，联合体各方均应当符合《政府采购法》第二十二条规定的条件。联合体各方中至少应当有一方符合采购单位根据采购项目的要求规定的特定条件。

联合体各方之间应当签订共同投标协议，明确约定联合体各方承担的工作和相应的责任，并将共同投标协议连同投标文件一并提交。联合体各方签订共同投标协议后，不得再以自己名义单独在同一项目中投标，也不得组成新的联合体参加同一项目投标。

4. 投标费用

投标人自行承担其参加投标所涉及的一切费用。在任何情况下，采购单位均无义务或责任对投标人花费的该等费用予以补偿或者赔偿。

5. 投标人代表

5.1　指全权代表投标人参加投标活动并签署投标文件的人，如果投标方代表不是法定代表人，须持有法定代表人授权书。

5.2　投标人代表只能接受一个投标人的委托参加投标。

二、招标文件

6. 招标文件的组成

6.1　招标文件用以阐明所需货物及服务招标程序和合同主要条款的资料。招标文件由下述部分组成：

（1）投标邀请；

（2）采购项目内容及要求；

（3）投标人须知；

（4）采购合同主要条款；

（5）投标文件格式。

7. 招标文件的澄清

7.1 投标人对招标文件如有疑点，可要求澄清。要求澄清应按投标邀请中载明的地址以书面形式（包括信函、电报或传真，下同）通知采购人。采购人将视情况确定采用适当方式予以澄清，必要时将不标明查询来源的书面答复发给所有投标人。

三、投标文件的编写

8. 要求

8.1 投标人应仔细阅读招标文件的所有内容，按照招标文件的要求提交投标文件。投标文件应对招标文件的要求做出实质性响应，并保证所提供的全部资料的真实性，否则其投标将被拒绝。

9. 投标文件语言及计量单位

9.1 投标文件应用中文书写。投标文件中所附或所引用的原件不是中文时，应附中文译本。各种计量单位及符号应采用国际上统一使用的公制计量单位和符号。

10. 投标货币单位

10.1 投标文件涉及的价格、金额可以使用人民币或者美元货币为单位，外汇汇率换算以签订合同当天中国人民银行授权中国外汇交易中心公布的银行间外汇市场的卖出价为准。

11. 投标文件的组成

11.1 投标文件应包括下列部分：

11.1.1 投标书、投标一览表和投标分项报价表。

11.1.2 货物说明一览表。

11.1.3 技术规格偏离表和商务条款偏离表（按招标要求逐条填报，投标人在填报时应注意：买方在技术规格中指出的技术、性能和功能的标准仅起说明作用，并没有任何限制性，投标人在投标中可以选用替代技术、性能和功能，但这些替代要实质上优于或相当于技术规格的要求，并且使买方满意）。

11.1.4 售后服务承诺书。

11.1.5 投标人资格声明。

11.1.6 投标人资格证明文件（详见下述第 12 条款）。

11.1.7 投标人提交的其他资料（投标产品符合招标文件规定的证明文件及投标人认为需加以说明的其他补充资料）。

11.1.8 制造厂家的授权书（如果投标人提供的产品不是投标人自己制造的，则需提供）。

11.2 上述投标文件 11.1.1 和 11.1.2 应密封在单独的信封内，并在信封上标明"投标一览表字样"并在封口加盖投标人公章，装入投标文件正本密封袋中。

11.3 上述投标文件 11.1.3-11.1.9 应装订成册。该部分将成为投标文件正、副本，其他与总报价有关的价格信息不能体现在投标文件中。

11.4 投标人、中标候选人或中标人不得提供虚假资料，否则将被取消投标资格、中标候选人资格或中标人资格。

12. 投标人资格证明文件

12.1 法定代表人授权委托书原件（非法定代表人为投标人代表参加投标时需提供）。

12.2 投标人代表身份证复印件。

12.3 经年检合格的投标人《企业法人营业执照》影印件。

12.4 经年检合格的投标人新版《税务登记证》副本影印件。

12.5 经年审合格的投标人《组织结构代码证》影印件。

12.6 银行资信证明（应提供原件，也可提供银行在开标日前三个月内开具资信证明的影印件）。

12.7 其他。

12.8 上述 12.1~12.7 证照影印件及其他证明材料应与其他投标文件装订成册。属影印件的应须注明"与原件一致"并加盖投标人公章。

13. 投标报价

13.1 投标人的投标报价是指投标人根据第二章的"采购项目内容及要求"要求将产品安装至采购单位项目现场交货价，包括保险费、人工费、安装调试费、税费、售后服务以及其他应由投标人负担的全部费用。

13.2 投标人按招标文件所附的投标书、投标一览表和分项报价表写明投标货物总价和分项价格（分项报价目的是便于评标委员会评标，但在任何情况下并不限制买方以任何条款签订合同的权利）。

13.3 投标人只允许有一个报价，招标人不接受任何选择的报价。投标人所投货物必须与招标文件要求一致，否则作为废标处理。

14. 投标货物符合招标文件规定的证明文件

14.1 投标人应详细阐述所采用的品牌、规格型号、主要技术参数等一切应计入投标报价以及投标人认为应该阐明的事项。

14.2 上述文件可以是文字资料和数据。

15. 投标有效期

15.1 投标有效期为投标截止之日起 60 天。

16. 投标文件的格式

16.1 投标人须编制由本须知第 12 条规定文件组成的投标文件正本一份，副本四份，正本必须用 A4 幅面纸张打印装订，副本可以用正本的完整复印件，且在每一份投标文件封面标明"正本""副本"字样。正本与副本如有不一致，则以正本为准。

16.2 投标文件文字除签名及与签名相关的日期外均应使用不能擦去的墨料或墨水打印或复印，投标文件封面须加盖投标人公章。

16.3 投标人代表应根据采购文件的要求，在投标文件中签名和加盖投标人公章。

16.4 全套投标文件应无涂改和行间插字，除非这些改动是根据招标代理公司的指示进行的，或者是为改正投标人造成的必须修改的错误而进行的。有改动时，修改处应由签署投标文件的投标人代表进行签名。

16.5 未按本须知规定的格式填写投标文件、投标文件字迹模糊不清的，其投标将被拒绝。

16.6　电报、电话、传真形式的投标概不接受。

<h3 style="text-align:center">四、投标文件的提交</h3>

17. 投标文件的密封、标记

17.1　投标人应将投标文件正本和全部副本分别用信封密封（所有封口加贴封条，且盖投标人公章），并标明招标编号、投标人名称、投标货物名称及"正本"或"副本"字样。

17.2　每一信封密封处应加盖投标人公章。

18. 投标文件的递交

18.1　所有投标文件必须按招标文件在投标邀请中规定的投标截止时间之前由投标人代表送至招标人或通过邮局投递。

19. 迟到的投标文件

19.1　投标文件应在投标邀请中规定的截止时间前送达，迟到的投标文件为无效投标文件，将被拒绝。

20. 投标文件的修改和撤销

20.1　投标人在投标截止时间前，可以对所提交的投标文件进行修改或者撤回，并书面通知招标单位。修改的内容和撤回通知应当按本须知要求签署、盖章、密封，并作为投标文件的组成部分。

20.2　投标人在投标截止期后不得修改、撤回投标文件。投标人在投标截止期后修改投标文件的，其投标被拒绝。

<h3 style="text-align:center">五、投标文件的评估和比较</h3>

21. 开标、评标时间

21.1　招标人在投标邀请中所规定的时间和地点开标，投标人代表必须参加，并对投标内容进行阐述。

21.2　开标由采购单位主持，有关方面代表参加。

22. 评标委员会

22.1　由采购单位的物质采购领导小组组成评标委员会。在开标后的适当时间里由评标委员会对投标文件进行审查、质疑、评估和比较，并做出授予合同的建议。

23. 投标文件的初审

23.1　对所有投标人的评估，都采用相同的程序和标准。评议过程将严格按照招标文件的要求和条件进行。

23.2　有关投标文件的审查、澄清、评估和比较以及推荐中标候选人的一切情况都不得透露给任一投标人或与上述评标工作无关的人员。

23.3　投标人任何试图影响评委会对投标文件的评估、比较或者推荐候选人的行为，都将导致其投标被拒绝。

23.4　评标委员会将对投标文件进行检查，以确定投标文件是否完整、有无计算上的错误、是否提交了投标保证金、文件是否已正确签署。

23.5 算术错误将按以下方法更正：

（1）投标文件中投标一览表（报价表）内容与投标文件中的明细表内容不一致的，以投标一览表（报价表）为准。

（2）投标文件的大写金额和小写金额不一致的，以大写金额为准；总价金额与按单价汇总金额不一致的，以单价金额计算结果为准；单价金额小数点有明显错位的，应以总价为准，并修改单价；对不同文字文本投标文件的解释发生异议的，以中文文本为准。

如果投标人不接受按上述方法对投标文件中的算术错误进行更正，其投标将被拒绝。

23.6 资格性检查和符合性检查

23.6.1 资格性检查。依据法律法规和招标文件的规定，在对投标文件详细评估之前，评标委员会将依据投标人提交的投标文件按投标人的资格标准对投标人进行资格审查，以确定其是否具备投标资格。如果投标人提供的资格证明文件不完整或者存在缺陷，其投标将被以无效标处理。

23.6.2 符合性检查。依据招标文件的规定，评标委员会还将从投标文件的有效性、完整性和对招标文件的响应程度进行审查，以确定是否符合对招标文件的实质性要求做出响应。实质性偏离是指：①实质性影响合同的范围、质量和履行；②实质性违背招标文件，限制了采购单位的权利和中标人合同项下的义务；③不公正地影响了其他做出实质性响应的投标人的竞争地位。对没有实质性响应的投标文件将不进行评估，其投标将被拒绝。凡有下列情况之一者，投标文件也将被视为未实质性响应招标文件要求：

（1）投标文件未按照本须知第 17 条的规定进行密封、标记的；

（2）未按规定由投标人的法定代表人或投标人代表签字，或未加盖投标人公章的；或签字人未经法定代表人有效授权委托的；

（3）投标有效期不满足招标文件要求的；

（4）投标内容与招标内容及要求有重大偏离或保留的；

（5）投标人提交的是可选择的报价，未说明哪一个有效的；

（6）一个投标人不止投一个标；

（7）投标文件组成不符合招标文件要求的；

（8）投标文件中提供虚假或失实资料的；

（9）不符合招标文件中规定的其他实质性条款。

评标委员会决定投标的响应性只根据投标文件本身的内容，而不寻求其他的外部证据。

24. 投标文件的澄清

24.1 对投标文件中含义不明确、同类问题表述不一致或者有明显文字和计算错误的内容，评标委员会可以书面形式要求投标人做出必要的澄清、说明或者纠正。投标人的澄清、说明或者纠正应当在评标委员会规定的时间内以书面形式做出，由其法定代表人或者投标人代表签字，并不得超出投标文件的范围或者改变投标文件的实质性内容。

25. 比较与评价

25.1　评标委员会将按计分法，对资格性检查和符合性检查合格的投标文件进行商务和技术评估，综合比较与评价。

25.2　对漏（缺）报项的处理：招标文件中要求列入报价的费用（含配置、功能），漏（缺）报的视同已含在投标总价中。但在评标时取有效投标人该项最高报价加入评标价进行评标。对多报项及赠送项的价格评标时不予核减，全部进入评标价评议。

25.3　若投标人的报价明显低于其他报价，使得其投标报价可能低于其个别成本的，有可能影响商品质量或不能诚信履约的，投标人应按评标委员会要求做出书面说明并提供相关证明材料，不能合理说明或不能提供相关证明材料的，可做无效投标处理。

25.4　在评标期间，若出现符合本须知规定的所有投标条件的投标人不足两家情形的，本次招标程序终止。除采购任务取消情形外，招标采购单位将依法重新组织招标或者采取其他方式采购。

六、定标与授予合同

26. 定标准则

26.1　最低投标价不作为中标的保证。

26.2　投标人的投标文件符合招标文件要求，按招标文件确定评标标准、方法，经评委评审并推荐中标候选人。

26.3　评委根据以下的评分办法评审出中标人，即评审的分值由价格分、商务分、技术分构成，评委根据投标人的综合分值做出判断和表决。

26.4　废标界定：

出现下列情况之一者，作为废标处理：

26.4.1　影响采购公正的违法、违规行为的；

26.4.2　投标人的报价均超过了采购预算，采购单位不能支付的；

26.4.3　重大变故，采购任务取消的。

26.5　评标总分为100分。评标细则如下：

序号	评审项	说明	各项满分
1	技术参数	招标文件规定的技术参数是基本参数，根据技术参数的高低进行打分	30
2	报价	根据报价与标底的偏离大小打分，偏离大的，得分低	50
3	产品服务	保修期、修理方式、送货方式等	10
4	企业综合实力	技术人员、管理人员的学历、职称；企业资质；财务状况；近三年的业绩	10
5			
6			

27. 中标通知

27.1　评标结束后，评标结果经采购人确认后，通知中标方。

28. 签订合同

28.1　采购人在《中标通知》发出之日起 1 日内，根据招标文件确定的事项和中标供应商的投标文件，采购人提供《合同》文本。所提供的合同不得对招标文件和中标供应商投标文件做实质性修改。

28.2　招标文件、招标文件的修改文件、中标供应商的投标文件、补充或修改的文件及澄清或承诺文件等，均为《合同》的组成部分，并与《合同》一并作为本招标文件所列采购项目的互补性法律文件，与《合同》具有同等法律效力。

28.3　采购人在合同履行中，需追加与合同标的相同的货物或者服务的，在不改变合同其他条款的前提下，可与供应商协商签订补充合同。

28.4　中标供应商因不可抗力或者自身原因不能履行政府采购合同的，采购人可以与排位在中标供应商之后第一位的中标候选供应商签订政府采购合同，以此类推。

29. 招标监督部门

29.1　采购人的监督部门可视情况依法派员对本招标活动的全程进行监督。

附件2　投标文件的编制

采购项目投标文件

项目名称：　<u>智能手机采购招标项目</u>

招标编号：　<u>ZX001</u>

投标包号：　<u>001</u>

投标人名称：　<u>某手机制造企业</u>　（盖公章）

日　　　期：　<u>2013.1.3</u>　（投标截止日期之前）

投标书

致：招投标中心

根据贵方为 智能手机 项目招标采购货物及服务的投标邀请 编号 ，签字代表 张三 经正式授权并代表投标人 某企业制造企业 提交下述文件正本一份及副本 4 份：

1. 投标一览表

2. 投标分项报价表

3. 货物说明一览表

4. 技术规格偏离表

5. 商务条款偏离表

6. 资格证明文件

7. 遵守国家有关法律、法规和规章，按招标文件中投标人须知和技术规格要求提供的有关文件

8. 以 现金/银行保函 形式出具的投标保证金，金额为人民币 (4万元整) 。（投标报价的2%）

据此，签字代表宣布同意如下：

（1）附投标价格表中规定的应提交和交付的货物投标总价为人民币 (2 000 000.000元整) 。

（2）投标人将按招标文件的规定履行合同责任和义务。

（3）投标人已详细审查全部招标文件，包括 招标文件中若有就填写，没有就不填写 。我们完全理解并同意放弃对这方面有不明及误解的权力。

（4）本投标有效期为自开标日起 60 个工作日。

（5）在规定的开标时间后，投标人保证遵守招标文件中有关保证金的规定。

（6）根据投标人须知第1条的规定，我方承诺，与贵方聘请的为此项目提供咨询服务的公司及任何附属机构均无关联，我方不是贵方的附属机构。

（7）投标人同意提供按照贵方可能要求的与其投标有关的一切数据或资料，完全理解贵方不一定接受最低价的投标或收到的任何投标。

9. 与本投标有关的一切正式往来信函请寄：

地址： 投标企业的地址

传真 ××

电话 ×× 电子函件 ××

投标人授权代表签字 张三

投标人名称（全称） 某手机制造企业

投标人开户银行（全称） 投标企业的开户行，例如：中国工商银行

投标人银行账号 开户行的账号

投标人公章 公司名称加盖公司章

日期 2013 年 1 月 3 日

投标一览表

投标人名称： 某手机制造企业 招标编号： ZX001 货币单位：元

包号	货物名称	数量	报价	交货期
ZZ005	××智能手机	2 000	2 000 000	合同生效期，一周以内交货
投标总价（小、大写金额均表示）				

注：1. 此表与投标书、分项报价表一同装在一单独的信封内密封。

2. 详细报价清单应另纸详列，且标明所报各种货物的数量、品牌和金额。

3. 当一个合同包有多个品目号时，投标人应计算出该合同包的合计价。

投标人代表签字： 张三

投标人（盖章）： 某手机制造企业

日 期： 2013.1.3

投标分项报价表

投标人名称： 某手机制造企业 招标编号： ZX001 包号： 第 1 包 报价单位： 人民币元

序号	名称	型号和规格	数量	原产地和制造商名称	单价	总价	备注
1	某手机制造企业	手机类型：智能手机。网络制式：支持 TD‑SCDMA，GPRS/EDGE/HSDPA。摄像头：800 万像素。体积重量：137×69 × 9.9mm，158g。操作系统 Android OS 4.2。支持蓝牙，具有 WIFI 功能。	2 000	××省××市某手机制造企业	1 000	2 000 000	
总价：							

注：1. 如果按单价计算的结果与总价不一致，以单价为准修正总价。

2. 如果不提供详细分项报价将视为没有实质性响应招标文件。

3. 上述各项的详细分项报价，应另页描述。

投标人授权代表签字：张三

投标人（盖章）： 某手机制造企业

货物说明一览表

（按投标货物合同包下品目号类别分别填写）

投标人名称： 某手机制造企业　招标编号： ZX001　包号： 01

合同包号	01	货物名称	某智能手机	型号规格	智能手机；支持 TD-SC-DMA，GPRS/EDGE/HS-DPA；137 × 69 × 9.9mm，158g	数量	1 000

基本参数	曝光日期：2013 年 手机类型：3G 手机，智能手机 运营商定制：中国移动
屏幕	触摸屏类型：电容屏，多点触控 主屏尺寸：5 英寸 主屏材质：TFT 主屏分辨率：1 280×720 像素 屏幕像素密度：294ppi 屏幕技术：OGS 全贴合技术
网络	网络类型：双卡双模 网络模式：移动 3G（TD-SCDMA），联通 2G/移动 2G（GSM） 支持频段：2G：GSM 900/1800/1900 3G：TD-SCDMA 1880-1920/2010-2025MHz WLAN 功能：WIFI，IEEE 802.11 n/b/g 导航：GPS 导航，电子罗盘 连接与共享：蓝牙
硬件	操作系统：Android OS 6.2 用户界面：Emotion UI 2.0 核心数：四核 CPU 型号：联发科 MT6582 CPU 频率：1331MHz GPU 型号：Mali-400 MP RAM 容量：1GB ROM 容量：4GB 存储卡：MicroSD 卡 扩展容量：32GB 电池类型：可拆卸式电池 电池容量：2300mAh 理论通话时间：180 分钟 理论待机时间：150 小时（双卡），300 小时（单卡）
摄像头	摄像头：内置 摄像头类型：双摄像头（前后） 后置摄像头像素：800 万像素 前置摄像头像素：500 万像素 传感器类型：背照式/BSI CMOS（二代） 闪光灯：LED 补光灯 光圈：f/2.0 视频拍摄：支持 拍照功能：曝光补偿、感光度（ISO3200）、白平衡、HDR、全景模式、数码变焦、自动对焦
外观	造型设计：直板 机身颜色：白色，灰色 手机尺寸：137×69×9.9mm， 手机重量：158g 机身材质：金属框架 机身特点：航天镁铝合金材料机身 操作类型：触控按键 感应器类型：重力感应器、光线传感器、距离传感器、加速传感器 SIM 卡类型：Micro SIM 卡 机身接口：3.5mm 耳机接口，Micro USB v2.0 数据接口

续上表

合同包号	01	货物名称	某智能手机	型号规格	智能手机；支持 TD-SC-DMA，GPRS/EDGE/HS-DPA；137 × 69 × 9.9mm，158g	数量	1 000

服务与支持	音频支持：支持 MP3/MIDI/AMR-NB/AAC/AAC+/eAAC+/WAV 等格式 视频支持：支持 3GP/MP4/MPEG-4/H.264/H.263 等格式 图片支持：支持 JPEG 等格式 常用功能：计算器、电子词典、备忘录、电子书、闹钟、日历、录音机、情景模式、主题模式 商务功能：飞行模式、语音助手、病毒查杀 其他功能参数：手机 QQ、天气、新浪微博、指路精灵
手机附件	包装清单：主机×1 锂电池×1 数据线×1 充电器×1 说明书×1 保修卡×1
保修信息	保修政策：全国联保，享受三包服务 质保时间：1.5 年 质保备注：主机 1 年、电池 6 个月、充电器 1 年 客服电话：400-830-8300；400-690-2116；800-830-8300 电话备注：8:00-20:00 详细内容：自购机日起（以购机发票为准），如因质量问题或故障，凭厂商维修中心或特约维修点的质量检测证明，享受 7 日内退货，15 日内换货，15 日以上在质保期内享受免费保修等三包服务！注：单独购买手机配件产品的用户，请完好保存配件外包装以及发票原件，如无法提供上述凭证的，将无法进行正常的配件保修或更换。

投标人代表签字：___张三___

投标人（盖章）：___某手机制造企业___

日期：___2013.1.3___

技术规格偏离表

投标人名称：___某手机制造企业___　　招标编号：___ZX001___　　包号：___第 1 包___

序号	货物名称	招标规格	投标规格	偏离	说明
1	某智能手机	操作系统：Android OS 4.2	操作系统：Android OS 6.2 双卡双待		本投标文件提供的产品除了能满足招标人的要求外，还增加了辅助的功能
2	某智能手机	单卡			
3	某智能手机	后置摄像头：800 万像素	后置摄像头：800 万像素； 前置摄像头：500 万像素	正偏离	

投标人授权代表签字：___张三___

投标人（盖章）：___某手机制造企业___

商务条款偏离表

投标人名称： <u>某手机制造企业</u>　招标编号： <u>ZX001</u>　包号： <u>第 1 包</u>

序号	货物名称	招标文件的商务条款	投标文件的商务条款	偏离	说明
1	某智能手机	保修期：一年以上	保修期：1.5 年	正偏离	

投标人授权代表签字： <u>　张三　</u>

投标人（盖章）： <u>某手机制造企业</u>

技术服务及售后服务承诺

1. 本附件内容由各投标人进行填写，应至少包括招标文件要求的技术服务内容的响应文件，详细描述对本次招标项目的技术服务及售后服务承诺。

2. 公司应盖章，投标人代表应签字，并注明日期。

保修政策：全国联保，享受三包服务

质保时间：1.5 年

质保备注：主机 1 年、电池 6 个月、充电器 1 年

客服电话：400-830-8300；400-690-2116；800-830-8300

电话备注：8：00-20：00

详细内容：自购机日起（以购机发票为准），如因质量问题或故障，凭厂商维修中心或特约维修点的质量检测证明，享受 7 日内退货，15 日内换货，15 日以上在质保期内享受免费保修等三包服务！注：单独购买手机配件产品的用户，请完好保存配件外包装以及发票原件，如无法提供上述凭证的，将无法进行正常的配件保修或更换。

投标人代表签字：　__张三__

投标人（盖公章）：　__某手机制造企业__

日　　期：　__2013.1.3__

投标人的资格证明文件

关于资格的声明函

　　__中信招标代理有限责任公司__：

　　关于贵方__2013__年月日第__ZX001__（招标编号）投标邀请，本签字人愿意参加投标，提供招标文件"招标货物及要求"中规定的（包号）　__01　某智能手机__　（货物名称），并证明提交的下列文件和说明是准确的和真实的。

　　1. 本签字人确认资格文件中的说明以及投标文件中所有提交的文件和材料是真实的、准确的。

　　2. 我方的资格声明正本壹份，副本肆份，随投标文件一同递交。

投标人（盖公章）：　__张三__

投标人代表签字：　__某手机制造企业__

地　　址：　__××省××市××区××路××号__

邮政编码：　__××__

电话/传真：　__××__

投标人的资格声明

　　1. 投标人概况：

　　A. 投标人名称：　__某手机制造企业__

　　B. 注册地址：　__××省××市××区××路××号（与营业执照地址一致）__

　　传真：　__××__　电话：　__××__　邮编：　__××__

　　C. 成立或注册日期：　__2001.3.10__

　　D. 法定代表人：　__李四、董事长__　（姓名、职务）

　　实收资本：　__20 000 000__

其中 国家资本： <u> 0 </u> 法人资本： <u> 15 000 000 </u>

个人资本： <u> 5 000 000 </u> 外商资本： <u> 0 </u>

E. 最近资产负债表（到 <u> 2013 </u> 年 <u> 1 </u> 月 <u> 3 </u> 日为止）。

（1）固定资产合计： <u> 40 000 000 </u>

（2）流动资产合计： <u> 5 000 000 </u>

（3）长期负债合计： <u> 5 000 000 </u>

（4）流动负债合计： <u> 20 000 000 </u>

F. 最近损失表（到 <u> 2013 </u> 年 <u> 1 </u> 月 <u> 3 </u> 日为止）。

（1）本年（期）利润总额累计： <u> 18 000 000 </u>

（2）本年（期）净利润累计： <u> 10 000 000 </u>

2. 我方在此声明，我方具备并满足下列各项条款的规定。本声明如有虚假或不实之处，我方将失去合格投标人资格且我方的投标保证金将不予退还。

（1）具有独立承担民事责任的能力；

（2）具有良好的商业信誉和健全的财务会计制度；

（3）具有履行合同所必需的设备和专业技术能力；

（4）有依法缴纳税收和社会保障资金的良好记录；

（5）参加政府采购活动前三年内，在经营活动中没有重大违法记录；

（6）具有良好的履约和售后服务能力，并配有较强的技术队伍，提供快速的售后服务。

3. 最近三年投标货物在国内主要用户的名称和地址：

用户名称和地址	销售货物名称、规格	数量	交货日期	运行状况
国美手机大卖场（成都）	M6 139.5×71.4×9.2	500	2012.3.6	良好
中关村（北京）	M5 140×71.4×10.2	1 000	2011.11.8	良好

4. 法定代表人营业执照、税务登记证以及招标文件要求需要提供的资格性证件。

就我方全部所知，兹证明上述声明是真实、正确的，并已提供了全部现有资料和数据，我方同意根据贵方要求出示文件予以证实。

投标人代表签字：　　张三　　

投标人（盖公章）：　某手机制造企业　

日　　期：　2013　年　1　月　3　日

电　　传：　××　

传　　真：　××　

电　　话：　××　

法定代表人授权书

中信招标代理有限责任公司：

　　（投标人全称）　法定代表人　李四　授权　张三（投标人代表姓名）　为投标人代表，代表本公司参加贵司组织的　智能手机采购招标　项目（招标编号　ZX001　）招标活动，全权代表本公司处理投标过程的一切事宜，包括但不限于：投标、参与开标、谈判、签约等。投标人代表在投标过程中所签署的一切文件和处理与之有关的一切事务，本公司均予以认可并对此承担责任。投标人代表无转委权。特此授权。

　　本授权书自出具之日起生效。

投标人代表：　张三　性　　别：　男　身份证号：　×××　

单位：　某手机制造企业　部　　门：　市场部　职　　务：　部长　

详细通信地址：　××　邮政编码：　××　电　　话：　××　

附：被授权人身份证件

授权方

投标人（全称并加盖公章）：某手机制造企业

法定代表人签字：　李四　

日　　期：　2013.1.3　

接受授权方

投标人代表签字：　张三　

日　　期：　2013.1.3

法人营业执照、税务登记证、组织机构代码证

中信招标代理有限责任公司：

现附上由＿＿工商行政管理部门＿＿（签发机关名称）签发的我方法人营业执照副本复印件，该执照业经年检，真实有效。

现附上由＿税务局＿（签发机关名称）签发的我方新版税务登记证副本复印件，该证件已经年检，真实有效。

现附上由技术监督局（签发机关名称）签发的我方组织结构代码证复印件，该证件已经年检，真实有效。

（注：法人营业执照、税务登记证、组织结构代码证提供复印件，需复印包括能说明经年检合格的内容，由企业加盖公章并注明复印件与原件一致。）

投标人代表签字：＿＿张三＿＿

投标人（盖公章）：＿某手机制造企业＿

日　　期：＿＿2013.1.3＿＿

投标人提交的其他资料

投标人根据招标文件需要提交（除资格证明文件）以及认为应提交的其他材料，在此附件中提交。

1. 根据评标细则，须提交的证明文件；
2. 认为应提交的其他材料。

投标人代表签字： __张三__

投标人（盖章）： __某手机制造企业__

日 期： __2013.1.3__

注：

此文件作为投标文件的一部分，如有复印件，应加盖投标人公章，否则将予以废标处理。

制造商出具的授权函（使用于贸易企业进行投标）

致： __中信招标代理有限责任公司__

我方 __某手机制造企业__ （制造商名称）位于（制造商地址）。兹授权 __某某贸易公司__ （投标人名称、地址）作为我方合法的代理人进行下列有效的活动：

1. 用我方制造的 __某手机__ （货物名称）参加贵方组织的 __智能手机采购、ZX001__ （招标项目、招标编号）进行投标。

2. 我方在此保证为上述投标人应本次招标而提供的货物提供质量保证和售后服务等。

我方于 2012 年 12 月 26 日签署本文件， __某某贸易公司__ （投标人名称）于 2012 年 12 月 27 日接受此件，以此为证。

投标人名称： __某某贸易公司__
制造商名称（公章）： __某手机制造企业__
日 期： __2012.12.26__

注：投标人与制造商的有效经销（代理）协议，可替代本授权函。

第四篇 会计基础

第四章　会计基础

第一章　科目汇总表账务处理程序

【学习目的】

通过对科目汇总表账务处理程序的编制方法的介绍，让同学们对会计账务处理的流程有基本的认识，以明确会计人员的工作内容。

一、科目汇总表账务处理程序的概念和特点

科目汇总表账务处理程序是根据记账凭证定期编制科目汇总表，再根据科目汇总表登记总分类账的一种账务处理程序。其特点是定期地将所有记账凭证汇总编制成科目汇总表，然后再根据科目汇总表登记总分类账。

在科目汇总表账务处理程序下，记账凭证可以采用一种通用记账凭证，也可以分设收款凭证、付款凭证和转账凭证三种格式；会计账簿一般设置现金日记账、银行存款日记账、明细分类账和总分类账，其中现金日记账、银行存款日记账和总分类账一般采用"借""贷""余"的三栏式，明细分类账根据本单位经营管理的实际需要采用三栏式、多栏式和数量金额式。

二、科目汇总表账务处理程序的流程

在科目汇总表账务处理程序下，账务处理一般按下列步骤进行：

（1）根据原始凭证或汇总原始凭证编制记账凭证。

（2）根据收款凭证、付款凭证逐笔登记现金日记账和银行存款日记账。

（3）根据原始凭证、汇总原始凭证和记账凭证登记各种明细分类账。

（4）根据各种记账凭证编制科目汇总表。

（5）根据科目汇总表登记总分类账。

（6）期末，现金日记账、银行存款日记账和明细分类账的余额同有关总分类账的余额核对相符。

（7）期末，根据总分类账和明细分类账的记录，编制会计报表。

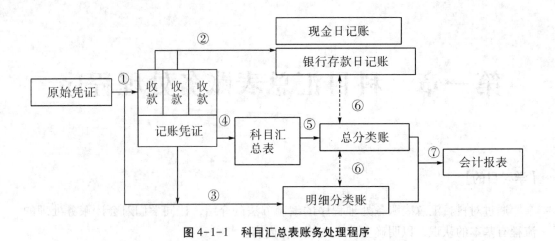

图 4-1-1 科目汇总表账务处理程序

三、科目汇总表账务处理程序举例

【例 4-1-1】假设万华科技有限公司采用科目汇总表核算形式进行会计核算，该公司 20×3 年 12 月份有关账户的期初余额如表 4-1-1 所示。

表 4-1-1　　　　　　　万华科技有限公司 20×3 年 12 月份期初余额　　　　单位：元

账户余额	借方余额	账户名称	贷方余额
库存现金	30 000	短期借款	600 000
银行存款	300 000	应付账款	444 000
应收账款	450 000	应付职工薪酬	90 000
原材料	225 000	应交税费	26 000
库存商品	200 000	实收资本	1 300 000
固定资产	1 500 000	资本公积	100 000
累计折旧	−50 000	盈余公积	20 000
		利润分配	75 000
合计	2 655 000	合计	2 655 000

有关明细分类账账户余额如下：

应收账款——中兴公司 250 000

　　　　　——达利公司 200 000

原材料——甲材料（1 000 千克，@140 元）

　　　　——乙材料（500 千克，@170 元）

库存商品——A 产品（50 台，@4 000 元）

应付账款——远望公司 280 000

　　　　　——旭生公司 164 000

万华科技有限公司 20×3 年 12 月份发生的经济业务如下：

（1）12 月 1 日，以现金支付广告费 4 000 元。

（2）12 月 4 日，从远望公司购入甲材料 200 千克，单价 140 元，增值税税率 17%，款未付，材料已验收入库。

（3）12 月 8 日，从希望公司购乙材料 200 千克，单价 170 元，增值税税率 17%，已开出转账支票，材料已验收入库。

（4）12 月 9 日，销售给中兴公司 A 产品 5 台，单价 9 000 元，增值税税率 17%，款尚未收。

（5）12 月 10 日，收到银行转来付款通知，支付本月电费 2 000 元（1 元/度）。经查表，生产车间用电 1 600 度，管理部门用电 400 度。

（6）12 月 16 日，销售给华天公司 A 产品 8 台，单价 9 000 元，增值税税率 17%，收到转账支票一张，款已存银行。

（7）12 月 18 日，收回中兴公司货款 52 650 元，款项直接打入公司账户。

（8）12 月 20 日，开出转账支票偿还远望公司货款 32 760 元。

（9）12 月 24 日，车间生产 A 产品领用甲材料 600 千克，单价 140 元，金额为 84 000 元；领用乙材料 300 千克，单价 170 元，金额为 51 000 元。

（10）12 月 31 日，计提本月固定资产折旧 3 400 元。其中，车间计提 2 600 元，专设销售机构计提 200 元，企业行政管理部门计提 600 元。

（11）12 月 31 日，分配本月工资。其中，车间生产工人工资 4 000 元，车间管理人员工资 1 000 元，销售部门人员工资 4 000 元，行政管理人员工资 6 000 元。

（12）12 月 31 日，按工资总额的 14% 计提本月福利费。

（13）12 月 31 日，结转本月 A 产品发生的制造费用。

（14）12 月 31 日，本月投产的 A 产品全部完工入库。

（15）12 月 31 日，结转本月已销 A 产品的销售成本。

（16）12 月 31 日，结转收入收益类账户。

（17）12 月 31 日，结转费用损失类账户（所得税费用除外）。

（18）12 月 31 日，计提本月应交所得税，税率为 25%（假定无纳税调整事项）。

（19）12 月 31 日，结转所得税费用。

（20）12 月 31 日，结转"本年利润"。

（21）12 月 31 日，按税后利润的 10% 计提法定盈余公积。

（22）12 月 31 日，将"利润分配"有关明细账户余额转入"利润分配——未分配利润"账户。

（一）根据以上经济业务编制记账凭证

表 4-1-2

记账凭证

20×3 年 12 月 1 日　　　　　　　　　　第 1 号

摘要	科目		借方金额										贷方金额										记账
	总账科目	明细科目	千	百	十	万	千	百	十	元	角	分	千	百	十	万	千	百	十	元	角	分	
支付广告费	销售费用						4	0	0	0	0	0												
	库存现金																	4	0	0	0	0	0	
合计						¥	4	0	0	0	0	0					¥	4	0	0	0	0	0	

会计主管：　　　　　记账：　　　　　出纳：　　　　　复核：　　　　　制单：李某

附单据　　张

表 4-1-3

记账凭证

20×3 年 12 月 4 日　　　　　　　　　　第 2 号

摘要	科目		借方金额										贷方金额										记账
	总账科目	明细科目	千	百	十	万	千	百	十	元	角	分	千	百	十	万	千	百	十	元	角	分	
购入原材料	原材料	甲材料				2	8	0	0	0	0	0												
	应交税费	应交增值税					4	7	6	0	0	0												
	应付账款	远望公司														3	2	7	6	0	0	0		
合计						¥	3	2	7	6	0	0	0			¥	3	2	7	6	0	0	0	

会计主管：　　　　　记账：　　　　　出纳：　　　　　复核：　　　　　制单：李某

附单据　　张

表 4-1-4

记账凭证

20×3 年 12 月 8 日　　　　　　　　　　第 3 号

摘要	科目		借方金额										贷方金额										记账
	总账科目	明细科目	千	百	十	万	千	百	十	元	角	分	千	百	十	万	千	百	十	元	角	分	
购入原材料	原材料	乙材料				3	4	0	0	0	0	0												
	应交税费	应交增值税					5	7	8	0	0	0												
	银行存款																3	9	7	8	0	0	0	
合计						¥	3	9	7	8	0	0	0				¥	3	9	7	8	0	0	0	

会计主管：　　　　　记账：　　　　　出纳：　　　　　复核：　　　　　制单：李某

附单据　　张

表 4-1-5

记账凭证

20×3 年 12 月 9 日　　　　　　　　第 4 号

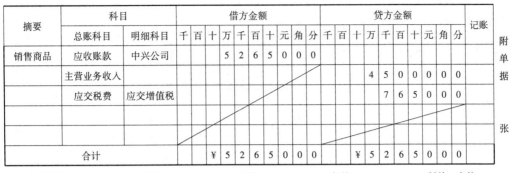

摘要	科目		借方金额										贷方金额										记账
	总账科目	明细科目	千	百	十	万	千	百	十	元	角	分	千	百	十	万	千	百	十	元	角	分	
销售商品	应收账款	中兴公司		5	2	6	5	0	0	0	0												
	主营业务收入															4	5	0	0	0	0	0	
	应交税费	应交增值税															7	6	5	0	0	0	
合计			¥	5	2	6	5	0	0	0	0		¥	5	2	6	5	0	0	0	0		

会计主管：　　　　记账：　　　　出纳：　　　　复核：　　　　制单：李某

表 4-1-6

记账凭证

20×3 年 12 月 10 日　　　　　　　　第 5 号

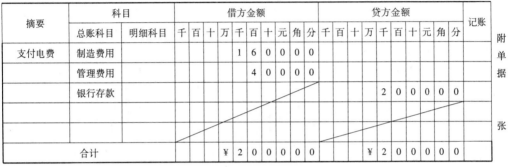

摘要	科目		借方金额										贷方金额										记账
	总账科目	明细科目	千	百	十	万	千	百	十	元	角	分	千	百	十	万	千	百	十	元	角	分	
支付电费	制造费用						1	6	0	0	0	0											
	管理费用							4	0	0	0	0											
	银行存款																	2	0	0	0	0	0	
合计						¥	2	0	0	0	0	0				¥	2	0	0	0	0	0	

会计主管：　　　　记账：　　　　出纳：　　　　复核：　　　　制单：李某

表 4-1-7

记账凭证

20×3 年 12 月 16 日　　　　　　　　第 6 号

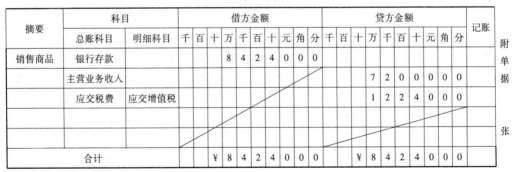

摘要	科目		借方金额										贷方金额										记账
	总账科目	明细科目	千	百	十	万	千	百	十	元	角	分	千	百	十	万	千	百	十	元	角	分	
销售商品	银行存款			8	4	2	4	0	0	0	0												
	主营业务收入															7	2	0	0	0	0	0	
	应交税费	应交增值税															1	2	2	4	0	0	0	
合计			¥	8	4	2	4	0	0	0	0		¥	8	4	2	4	0	0	0	0		

会计主管：　　　　记账：　　　　出纳：　　　　复核：　　　　制单：李某

表 4-1-8

记账凭证

20×3 年 12 月 18 日　　　　　　　　第 7 号

摘要	科目		借方金额										贷方金额										记账
	总账科目	明细科目	千	百	十	万	千	百	十	元	角	分	千	百	十	万	千	百	十	元	角	分	
收回应收款	银行存款				5	2	6	5	0	0	0	0											
	应收账款	中兴公司														5	2	6	5	0	0	0	
	合计			¥	5	2	6	5	0	0	0	0		¥	5	2	6	5	0	0	0	0	

会计主管：　　　　　记账：　　　　　出纳：　　　　　复核：　　　　　制单：李某

附单据　张

表 4-1-9

记账凭证

20×3 年 12 月 20 日　　　　　　　　第 8 号

摘要	科目		借方金额										贷方金额										记账
	总账科目	明细科目	千	百	十	万	千	百	十	元	角	分	千	百	十	万	千	百	十	元	角	分	
支付应付款	应付账款	远望公司				3	2	7	6	0	0	0	0											
	银行存款																3	2	7	6	0	0	0	
	合计			¥	3	2	7	6	0	0	0	0		¥	3	2	7	6	0	0	0	0	

会计主管：　　　　　记账：　　　　　出纳：　　　　　复核：　　　　　制单：李某

附单据　张

表 4-1-10

记账凭证

20×3 年 12 月 24 日　　　　　　　　第 9 号

摘要	科目		借方金额										贷方金额										记账
	总账科目	明细科目	千	百	十	万	千	百	十	元	角	分	千	百	十	万	千	百	十	元	角	分	
领用原材料	生产成本	A 产品			1	3	5	0	0	0	0	0											
	原材料	甲材料														8	4	0	0	0	0	0	
		乙材料														5	1	0	0	0	0	0	
	合计			¥	1	3	5	0	0	0	0	0		¥	1	3	5	0	0	0	0	0	

会计主管：　　　　　记账：　　　　　出纳：　　　　　复核：　　　　　制单：李某

附单据　张

表 4-1-11

记账凭证

20×3 年 12 月 31 日 　　　　第 10 号

摘要	总账科目	明细科目	借方金额 千	百	十	万	千	百	十	元	角	分	贷方金额 千	百	十	万	千	百	十	元	角	分	记账
计提折旧	制造费用						2	6	0	0	0	0											
	销售费用							2	0	0	0	0											
	管理费用							6	0	0	0	0											
	累计折旧																3	4	0	0	0	0	
合计							¥	3	4	0	0	0	0				¥	3	4	0	0	0	0

会计主管：　　　　记账：　　　　出纳：　　　　复核：　　　　制单：李某

附单据　　张

表 4-1-12

记账凭证

20×3 年 12 月 31 日 　　　　第 11 号

摘要	总账科目	明细科目	借方金额 千	百	十	万	千	百	十	元	角	分	贷方金额 千	百	十	万	千	百	十	元	角	分	记账
分配工资	生产成本	A 产品					4	0	0	0	0	0											
	制造费用						1	0	0	0	0	0											
	销售费用						4	0	0	0	0	0											
	管理费用						6	0	0	0	0	0											
	应付职工薪酬															1	5	0	0	0	0	0	
合计						¥	1	5	0	0	0	0				¥	1	5	0	0	0	0	

会计主管：　　　　记账：　　　　出纳：　　　　复核：　　　　制单：李某

附单据　　张

表 4-1-13

记账凭证

20×3 年 12 月 31 日 　　　　第 12 号

摘要	总账科目	明细科目	借方金额 千	百	十	万	千	百	十	元	角	分	贷方金额 千	百	十	万	千	百	十	元	角	分	记账
计提福利费	生产成本	A 产品						5	6	0	0	0											
	制造费用							1	4	0	0	0											
	销售费用							5	6	0	0	0											
	管理费用							8	4	0	0	0											
	应付职工薪酬																2	1	0	0	0	0	
合计							¥	2	1	0	0	0	0				¥	2	1	0	0	0	0

会计主管：　　　　记账：　　　　出纳：　　　　复核：　　　　制单：李某

附单据　　张

表 4-1-14

记账凭证

20×3 年 12 月 31 日 第 13 号

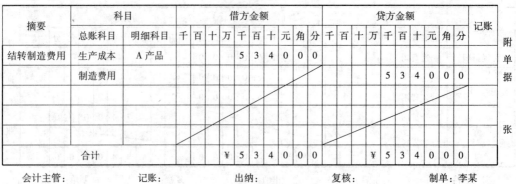

摘要	科目		借方金额										贷方金额										记账
	总账科目	明细科目	千	百	十	万	千	百	十	元	角	分	千	百	十	万	千	百	十	元	角	分	
结转制造费用	生产成本	A产品				5	3	4	0	0	0												
		制造费用														5	3	4	0	0	0		
合计			¥	5	3	4	0	0	0				¥	5	3	4	0	0	0				

会计主管: 记账: 出纳: 复核: 制单:李某

附单据 张

表 4-1-15

记账凭证

20×3 年 12 月 31 日 第 14 号

摘要	科目		借方金额										贷方金额										记账
	总账科目	明细科目	千	百	十	万	千	百	十	元	角	分	千	百	十	万	千	百	十	元	角	分	
结转完工产品成本	库存商品	A产品			1	4	4	9	0	0	0	0											
		生产成本	A产品												1	4	4	9	0	0	0	0	
合计			¥	1	4	4	9	0	0	0	0		¥	1	4	4	9	0	0	0	0		

会计主管: 记账: 出纳: 复核: 制单:李某

附单据 张

表 4-1-16

记账凭证

20×3 年 12 月 31 日 第 15 号

摘要	科目		借方金额										贷方金额										记账
	总账科目	明细科目	千	百	十	万	千	百	十	元	角	分	千	百	十	万	千	百	十	元	角	分	
结转已售	主营业务成本	A产品				5	2	0	0	0	0												
产品成本	库存商品	A产品														5	2	0	0	0	0		
合计			¥	5	2	0	0	0	0				¥	5	2	0	0	0	0				

会计主管: 记账: 出纳: 复核: 制单:李某

附单据 张

表 4-1-17　　　　　　　　　　　　　　　**记账凭证**

20×3 年 12 月 31 日　　　　　　　第 16 号

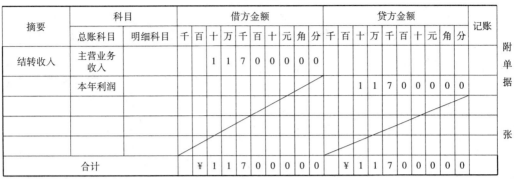

摘要	科目		借方金额										贷方金额										记账
	总账科目	明细科目	千	百	十	万	千	百	十	元	角	分	千	百	十	万	千	百	十	元	角	分	
结转收入	主营业务收入				1	1	7	0	0	0	0	0											
	本年利润														1	1	7	0	0	0	0	0	
合计			¥	1	1	7	0	0	0	0	0		¥	1	1	7	0	0	0	0	0		

附单据　　张

会计主管：　　　　记账：　　　　出纳：　　　　复核：　　　　制单：李某

表 4-1-18　　　　　　　　　　　　　　　**记账凭证**

20×3 年 12 月 31 日　　　　　　　第 17 号

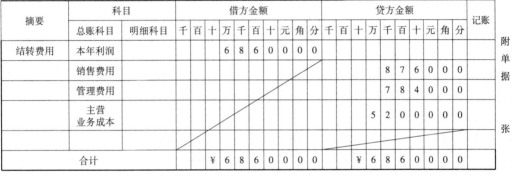

摘要	科目		借方金额										贷方金额										记账
	总账科目	明细科目	千	百	十	万	千	百	十	元	角	分	千	百	十	万	千	百	十	元	角	分	
结转费用	本年利润					6	8	6	0	0	0	0											
	销售费用																8	7	6	0	0	0	
	管理费用																7	8	4	0	0	0	
	主营业务成本															5	2	0	0	0	0	0	
合计				¥	6	8	6	0	0	0	0			¥	6	8	6	0	0	0	0		

附单据　　张

会计主管：　　　　记账：　　　　出纳：　　　　复核：　　　　制单：李某

表 4-1-19　　　　　　　　　　　　　　　**记账凭证**

20×3 年 12 月 31 日　　　　　　　第 18 号

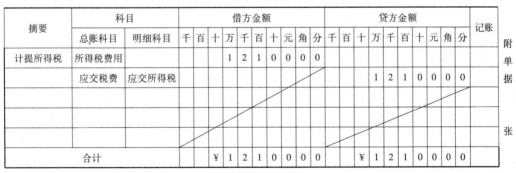

摘要	科目		借方金额										贷方金额										记账
	总账科目	明细科目	千	百	十	万	千	百	十	元	角	分	千	百	十	万	千	百	十	元	角	分	
计提所得税	所得税费用						1	2	1	0	0	0	0										
	应交税费	应交所得税																1	2	1	0	0	0	0	
合计				¥	1	2	1	0	0	0	0			¥	1	2	1	0	0	0	0		

附单据　　张

会计主管：　　　　记账：　　　　出纳：　　　　复核：　　　　制单：李某

表 4-1-20

记账凭证

20×3 年 12 月 31 日 　　　　　　　第 19 号

摘要	科目		借方金额										贷方金额										记账
	总账科目	明细科目	千	百	十	万	千	百	十	元	角	分	千	百	十	万	千	百	十	元	角	分	
结转 所得税费用	本年利润				1	2	1	0	0	0	0												
	所得税费用															1	2	1	0	0	0	0	
合计				¥	1	2	1	0	0	0	0		¥	1	2	1	0	0	0	0			

会计主管：　　　　记账：　　　　出纳：　　　　复核：　　　　制单：李某

附单据　　张

表 4-1-21

记账凭证

20×3 年 12 月 31 日 　　　　　　　第 20 号

摘要	科目		借方金额										贷方金额										记账
	总账科目	明细科目	千	百	十	万	千	百	十	元	角	分	千	百	十	万	千	百	十	元	角	分	
结转本年利润	本年利润				3	6	3	0	0	0	0												
	利润分配	未分配利润														3	6	3	0	0	0	0	
合计				¥	3	6	3	0	0	0	0		¥	3	6	3	0	0	0	0			

会计主管：　　　　记账：　　　　出纳：　　　　复核：　　　　制单：李某

附单据　　张

表 4-1-22

记账凭证

20×3 年 12 月 8 日 　　　　　　　第 21 号

摘要	科目		借方金额										贷方金额										记账
	总账科目	明细科目	千	百	十	万	千	百	十	元	角	分	千	百	十	万	千	百	十	元	角	分	
计提盈余公积	利润分配	提取 盈余公积				3	6	3	0	0	0												
	盈余公积															3	6	3	0	0	0		
合计					¥	3	6	3	0	0	0			¥	3	6	3	0	0	0			

会计主管：　　　　记账：　　　　出纳：　　　　复核：　　　　制单：李某

附单据　　张

表 4-1-23   **记账凭证**

20×3 年 12 月 31 日   第 22 号

摘要	科目		借方金额										贷方金额										记账
	总账科目	明细科目	千	百	十	万	千	百	十	元	角	分	千	百	十	万	千	百	十	元	角	分	
结转利润分配	利润分配	未分配利润			3	6	3	0	0	0														
	利润分配	提取盈余公积													3	6	3	0	0	0				
	合计		¥		3	6	3	0	0	0			¥		3	6	3	0	0	0				

会计主管: 记账: 出纳: 复核: 制单:李某

附单据　　张

（二）根据记账凭证逐笔登记现金日记账和银行存款日记账

表 4-1-24   **现金日记账**

20×3 年		凭证编号	摘要	对方科目	借方	贷方	借或贷	余额
月	日							
12	1		期初余额				借	30 000
12	1	1	支付广告费	销售费用		4 000	借	26 000
12	31		本月合计			4 000	借	26 000

表 4-1-25   **银行存款日记账**

20×3 年		凭证编号	摘要	对方科目	借方	贷方	借或贷	余额
月	日							
12	1		期初余额				借	300 000
12	8	3	购买原材料	原材料		34 000	借	266 000
12	8	3	购买原材料	应交税费		5 780	借	260 220
12	10	5	支付电费	制造费用		1 600	借	258 620
12	10	5	支付电费	管理费用		400	借	258 220
12	16	6	销售产品	主营业务收入	72 000		借	330 220
12	16	6	销售产品	应交税费	12 240		借	342 460
12	18	7	收回账款	应收账款	52 650		借	395 110
12	20	8	支付应付款	应付账款		32 760	借	362 350
12	31		本月合计		136 890	74 540	借	362 350

（三）根据原始凭证、汇总原始凭证和记账凭证登记各种明细分类账

表 4-1-26　　　　　　　　　　　　　　原材料明细账

材料名称：甲材料　　　　　　　　　　　　　　　　　　　　计量单位：千克

20×3 年		凭证		摘要	收入			发出			结存		
月	日	字	号		数量	单价	金额	数量	单价	金额	数量	单价	金额
12	1			期初余额							1 000	140	140 000
12	4		2	购入	200	140	28 000				1 200	140	168 000
12	24		9	生产领用				600	140	84 000	600	140	84 000
12	31			本月合计	200	140	28 000	600	140	84 000	600	140	84 000

表 4-1-27　　　　　　　　　　　　　　原材料明细账

材料名称：乙材料　　　　　　　　　　　　　　　　　　　　计量单位：千克

20×3 年		凭证		摘要	收入			发出			结存		
月	日	字	号		数量	单价	金额	数量	单价	金额	数量	单价	金额
12	1			期初余额							500	170	85 000
12	4		3	购入	200	170	34 000				700	170	119 000
12	24		9	生产领用				300	170	51 000	400	170	68 000
12	31			本月合计	200	170	34 000	300	170	51 000	400	170	68 000

表 4-1-28　　　　　　　　　　　　　　应收账款明细账

账户名称：中兴公司

20×3 年		凭证		摘要	借方	贷方	借或贷	余额
月	日	字	号					
12	1			期初余额			借	250 000
12	9		4	销售商品	52 650		借	302 650
12	18		7	收回前欠货款		52 650	借	250 000
12	31			本月合计	52 650	52 650	借	250 000

表 4-1-29　　　　　　　　　　　　　　应收账款明细账

账户名称：达利公司

20×3 年		凭证		摘要	借方	贷方	借或贷	余额
月	日	字	号					
12	1			期初余额			借	200 000
12	31			本月合计			借	200 000

表 4-1-30　　　　　　　　　　　　　应付账款明细账

账户名称：远望公司

20×3 年		凭证		摘要	借方	贷方	借或贷	余额
月	日	字	号					
12	1			期初余额			贷	280 000
12	4		2	购买原材料		32 760	贷	312 760
12	20		8	支付前欠货款	32 760		贷	280 000
12	31			本月合计	32 760	32 760	贷	280 000

表 4-1-31　　　　　　　　　　　　　应付账款明细账

账户名称：旭生公司

20×3 年		凭证		摘要	借方	贷方	借或贷	余额
月	日	字	号					
12	1			期初余额			贷	164 000
12	31			本月合计			贷	164 000

（四）根据各种记账凭证编制科目汇总表

表 4-1-32　　　　　　　　　　　　　科目汇总表

20×3 年 12 月 1 日至 31 日　　　　　　　　　　　第 12 号

会计科目	本期发生额	
	借方	贷方
库存现金		4 000
银行存款	136 890	74 540
应收账款	52 650	52 650
原材料	62 000	135 000
库存商品	144 900	52 000
制造费用	5 340	5 340
累计折旧		3 400
应付账款	32 760	32 760
应付职工薪酬		17 100
应交税费	10 540	31 990
盈余公积		3 630
本年利润	117 000	117 000
利润分配	3 630	36 300

表4-1-32（续）

会计科目	本期发生额	
	借方	贷方
主营业务收入	117 000	117 000
主营业务成本	52 000	52 000
销售费用	8 760	8 760
管理费用	7 840	7 840
所得税费用	12 100	12 100
合计	763 410	763 410

（五）根据科目汇总表登记总分类账

表 4-1-33　　　　　　　　　　**总分类账**

会计科目：库存现金

20×3 年		凭证		摘要	借方	贷方	借或贷	余额
月	日	字	号					
12	1			期初余额			借	30 000
12	31	科汇	12	1-31 日发生额		4 000	借	26 000
12	31			本月合计		4 000	借	26 000

表 4-1-34　　　　　　　　　　**总分类账**

会计科目：银行存款

20×3 年		凭证		摘要	借方	贷方	借或贷	余额
月	日	字	号					
12	1			期初余额			借	300 000
12	31	科汇	12	1-31 日发生额	136 890	74 540	借	362 350
12	31			本月合计	136 890	74 540	借	362 350

表 4-1-35　　　　　　　　　　**总分类账**

会计科目：应收账款

20×3 年		凭证		摘要	借方	贷方	借或贷	余额
月	日	字	号					
12	1			期初余额			借	450 000
12	31	科汇	12	1-31 日发生额	52 650	52 650	借	450 000
12	31			本月合计	52 650	52 650	借	450 000

表 4-1-36　　　　　　　　　　　　　　总分类账

会计科目：原材料

20×3 年		凭证		摘要	借方	贷方	借或贷	余额
月	日	字	号					
12	1			期初余额			借	225 000
12	31	科汇	12	1-31 日发生额	62 000	135 000	借	152 000
12	31			本月合计	62 000	135 000	借	152 000

表 4-1-37　　　　　　　　　　　　　　总分类账

会计科目：库存商品

20×3 年		凭证		摘要	借方	贷方	借或贷	余额
月	日	字	号					
12	1			期初余额			借	200 000
12	31	科汇	12	1-31 日发生额	144 900	52 000	借	292 900
12	31			本月合计	144 900	52 000	借	292 900

表 4-1-38　　　　　　　　　　　　　　总分类账

会计科目：制造费用

20×3 年		凭证		摘要	借方	贷方	借或贷	余额
月	日	字	号					
12	31	科汇	12	1-31 日发生额	5 340	5 340	平	0
12	31			本月合计	5 340	5 340	平	0

表 4-1-39　　　　　　　　　　　　　　总分类账

会计科目：固定资产

20×3 年		凭证		摘要	借方	贷方	借或贷	余额
月	日	字	号					
12	1			期初余额			借	1 500 000
12	31			本月合计			借	1 500 000

表 4-1-40   总分类账

会计科目：累计折旧

20×3 年		凭证		摘要	借方	贷方	借或贷	余额
月	日	字	号					
12	1			期初余额			贷	50 000
12	31	科汇	12	1-31 日发生额		3 400	贷	53 400
12	31			本月合计		3 400	贷	53 400

表 4-1-41   总分类账

会计科目：短期借款

20×3 年		凭证		摘要	借方	贷方	借或贷	余额
月	日	字	号					
12	1			期初余额			贷	600 000
12	31			本月合计			贷	600 000

表 4-1-42   总分类账

会计科目：应付账款

20×3 年		凭证		摘要	借方	贷方	借或贷	余额
月	日	字	号					
12	1			期初余额			贷	444 000
12	31	科汇	12	1-31 日发生额	32 760	32 760	贷	444 000
12	31			本月合计	32 760	32 760	贷	444 000

表 4-1-43   总分类账

会计科目：应付职工薪酬

20×3 年		凭证		摘要	借方	贷方	借或贷	余额
月	日	字	号					
12	1			期初余额			贷	90 000
12	31	科汇	12	1-31 日发生额		17 100	贷	107 100
12	31			本月合计		17 100	贷	107 100

表 4-1-44 总分类账

会计科目：应交税费

20×3 年		凭证		摘要	借方	贷方	借或贷	余额
月	日	字	号					
12	1			期初余额			贷	26 000
12	31	科汇	12	1-31 日发生额	10 540	31 990	贷	47 450
12	31			本月合计	10 540	31 990	贷	47 450

表 4-1-45 总分类账

会计科目：实收资本

20×3 年		凭证		摘要	借方	贷方	借或贷	余额
月	日	字	号					
12	1			期初余额			贷	1 300 000
12	31			本月合计			贷	1 300 000

表 4-1-46 总分类账

会计科目：资本公积

20×3 年		凭证		摘要	借方	贷方	借或贷	余额
月	日	字	号					
12	1			期初余额			贷	100 000
12	31			本月合计			贷	100 000

表 4-1-47 总分类账

会计科目：盈余公积

20×3 年		凭证		摘要	借方	贷方	借或贷	余额
月	日	字	号					
12	1			期初余额			贷	20 000
12	31	科汇	12	1-31 日发生额		3 630	贷	23 630
12	31			本月合计		3 630	贷	23 630

表 4-1-48　　　　　　　　总分类账

会计科目：本年利润

20×3 年		凭证		摘要	借方	贷方	借或贷	余额
月	日	字	号					
12	31	科汇	12	1-31 日发生额	117 000	117 000	平	0
12	31			本月合计	117 000	117 000	平	0

表 4-1-49　　　　　　　　总分类账

会计科目：利润分配

20×3 年		凭证		摘要	借方	贷方	借或贷	余额
月	日	字	号					
12	1			期初余额			贷	75 000
12	31	科汇	12	1-31 日发生额	3 630	36 300	贷	107 670
12	31			本月合计	3 630	36 300	贷	107 670

表 4-1-50　　　　　　　　总分类账

会计科目：主营业务收入

20×3 年		凭证		摘要	借方	贷方	借或贷	余额
月	日	字	号					
12	31	科汇	12	1-31 日发生额	117 000	117 000	平	0
12	31			本月合计	117 000	117 000	平	0

表 4-1-51　　　　　　　　总分类账

会计科目：主营业务成本

20×3 年		凭证		摘要	借方	贷方	借或贷	余额
月	日	字	号					
12	31	科汇	12	1-31 日发生额	52 000	52 000	平	0
12	31			本月合计	52 000	52 000	平	0

表 4-1-52　　　　　　　　总分类账

会计科目：销售费用

20×3 年		凭证		摘要	借方	贷方	借或贷	余额
月	日	字	号					
12	31	科汇	12	1-31 日发生额	8 760	8 760	平	0
12	31			本月合计	8 760	8 760	平	0

表 4-1-53　　　　　　　　　　　　　　总分类账

会计科目：管理费用

20×3 年		凭证		摘要	借方	贷方	借或贷	余额
月	日	字	号					
12	31	科汇	12	1-31 日发生额	7 840	7 840	平	0
12	31			本月合计	7 840	7 840	平	0

表 4-1-54　　　　　　　　　　　　　　总分类账

会计科目：所得税费用

20×3 年		凭证		摘要	借方	贷方	借或贷	余额
月	日	字	号					
12	31	科汇	12	1-31 日发生额	12 100	12 100	平	0
12	31			本月合计	12 100	12 100	平	0

（六）将现金日记账、银行存款日记账和明细分类账的余额同有关总分类账的余额核对

经核对现金日记账余额＝现金总账余额＝26 000 元

银行存款日记账余额＝银行存款总账余额＝362 350 元

原材料明细账余额＝140 000+85 000＝152 000 元＝原材料总账余额

应收账款明细账余额＝250 000+200 000＝450 000 元＝应收账款总账余额

应付账款明细账余额＝280 000+164 000＝444 000 元＝应付账款总账余额

（七）根据总分类账和明细分类账的记录编制会计报表

表 4-1-55　　　　　　　　　　　　　　资产负债表

编制单位：万华科技有限公司　　　　20×3 年 12 月 31 日　　　　　　　　单位：元

资产	年初数	期末数	负债和所有者权益	年初数	期末数
流动资产：			流动负债：		
货币资金	330 000	388 350	短期借款	600 000	600 000
交易性金融资产	0	0	交易性金融负债	0	0
应收票据	0	0	应付票据	0	0
应收账款	450 000	450 000	应付账款	444 000	444 000
预付账款	0	0	预收账款	0	0
应收利息	0	0	应付职工薪酬	90 000	107 100
应收股利	0	0	应交税费	26 000	47 450
其他应收款	0	0	应付利息	0	0
存货	425 000	444 900	应付股利	0	0

表4-1-55（续）

资产	年初数	期末数	负债和所有者权益	年初数	期末数
一年内到期的非流动资产	0	0	其他应付款	0	0
其他流动资产	0	0	一年内到期的非流动负债	0	0
流动资产合计	1 205 000	1 283 250	其他流动负债	0	0
非流动资产：	0	0	流动负债合计	1 160 000	1 198 550
可供出售金融资产	0	0	非流动负债：		0
持有至到期投资	0	0	长期借款	0	0
长期应收款	0	0	应付债券	0	0
长期股权投资	0	0	长期应付款	0	0
投资性房地产	0	0	专项应付款	0	0
固定资产	1 450 000	1 446 600			
在建工程	0	0	递延所得税负债	0	0
工程物资	0	0	其他非流动负债	0	0
固定资产清理	0	0	非流动负债合计	0	0
生产性生物资产	0	0	负债合计	1 160 000	1 198 550
油气资产	0	0	所有者权益：		
无形资产	0	0	实收资本（或股本）	1 300 000	1 300 000
开发支出	0	0	资本公积	100 000	100 000
商誉	0	0	减：库存股	0	0
长期待摊费用	0	0	盈余公积	20 000	23 630
递延所得税资产	0	0	未分配利润	75 000	107 670
其他非流动资产	0	0	所有者权益合计	1 495 000	1 531 300
非流动资产合计	1 450 000	1 446 600			
资产总计	2 655 000	2 729 850	负债和所有者权益总计	2 655 000	2 729 850

表 4-1-56　　　　　　　　　　　　利润表

编制单位：万华科技有限公司　　　　20×3 年 12 月　　　　　　　　单位：元

项目	本月数	本年累计数
一、营业收入	117 000	
减：营业成本	52 000	
营业税金及附加	0	
销售费用	8 760	
管理费用	7 840	

表4-1-56(续)

项目	本月数	本年累计数
财务费用	0	
资产减值损失	0	
加：公允价值变动收益	0	
投资收益	0	
二、营业利润	48 400	
加：营业外收入	0	
减：营业外支出	0	
三、利润总额	48 400	
减：所得税费用	12 100	
四、净利润	36 300	
五、每股收益：		
（一）基本每股收益		
（二）稀释每股收益		

第二章　会计要素与会计等式

【学习目的】

通过本章的学习要求学生理解会计等式的基本原理，掌握六大会计要素的含义、内容、特征以及会计基本等式，并能准确判断经济业务的变化类型，为深入学习会计的基本方法奠定理论基础。

第一节　会计要素

会计对象是社会再生产过程中的资金运动。但是，只知道会计对象还无法对其进行具体会计核算。因此，在会计实践中，就必须对会计对象的具体内容进行适当的分类，会计对象的具体分类就是会计要素。会计要素是对会计对象按照经济交易或者事项的特征所做的分类，是会计对象的具体化，是反映会计主体的财务状况和经营成果的基本单位。

我国财政部颁布的《企业会计准则》和《企业会计制度》均明确指出，会计要素包括资产、负债、所有者权益、收入、费用和利润。这六大会计要素又可以划分为两大类：

（1）反映财务状况的会计要素，又称资产负债表要素，是构成资产负债表的基本单位，包括资产、负债和所有者权益。

（2）反映经营成果的会计要素，又称利润表要素，是构成利润表的基本单位，包括收入、费用和利润。

一、资产

资产是指企业过去的交易或事项形成的，并由企业拥有或者控制的资源，该资源预期会给企业带来经济利益。

（一）资产的特征

1. 资产是由企业过去的交易或者事项形成的

资产必须是企业在过去一定时期里，通过交易或事项所形成的，具体包括购买、生产和建造等行为以及其他交易或事项。只有企业在过去的交易或事项中形成的各种资源才能确认为现实资产，至于未来交易或事项以及未发生的交易或事项可能产生的结果，则不属于现实的资产，不得作为资产确认。例如，企业计划购买一批 A 材料，但实际购买行为尚未发生，不符合资产这一特征，因此不能确认为现实的资产。

2. 资产是由企业拥有或者控制的

拥有是指企业享有某种资源的所有权。例如，企业用自有资金购入的设备，这里企业对购入的设备就有所有权。控制是指企业对某些资源虽然不享有所有权，但该资源能为企业所控制、使用。例如，企业向银行借入的资金，其所有权虽然不属于企业，但企业可以使用、控制这部分资金，到期只需向银行支付本息。

3. 资产预期会给企业带来经济利益

资产预期会给企业带来经济利益，是指资产直接或间接导致现金或现金等价物流入企业的潜力。例如，企业购入的原材料和产成品可用于产品生产，产品完工出售后就会给企业带来经济利益。预期不能带来经济利益的，就不能确认为企业的资产。例如，仓库里面存放的腐烂变质的原材料。因原材料已不会带来经济利益，因此不能将此原材料作为资产来看待。

（二）资产的分类

资产按其流动性，可以分为流动资产和非流动资产。

1. 流动资产

流动资产是指企业可以在一年或者超过一年的一个营业周期内变现或者耗用的资产。所谓营业周期是指企业从投入资金—购买原料—生产产品—销售产品—收回现金的过程。大部分行业一年有几个营业周期，则其资产按年划分为流动资产和非流动资产；而某些特殊行业，如房地产开发企业，其营业周期往往超过一年，则其资产需按营业周期划分。包括库存现金、银行存款、交易性金融资产、应收票据、应收账款、原材料、库存商品等。

库存现金是企业流动性最强的资产，是指存放在企业准备随时支取的现款，主要用于企业日常活动中的小额零星支出。

银行存款是指企业存放在银行或其他金融机构的款项，可自由提取、使用的各种性质存款。

交易性金融资产是指企业以近期出售为目的而持有的金融资产。企业主要通过购入股票、债券、基金等据其市场行情变化随时出售而获取一定收益。

应收票据是指企业因销售商品或提供劳务而收到的商业汇票，包括银行承兑汇票和商业承兑汇票。

应收账款是指企业因赊销商品或提供劳务等经营活动应向购买方或接受劳务方收取而暂未收到的款项。

其他应收款是指企业在日常生产经营过程中产生的除应收账款和应收票据以外的其他应收款项。

原材料是指企业库存的各种材料，包括原料及主要材料和辅助材料等。

库存商品是指企业仓库里面存放的各种商品，包括产成品、外购商品、存放在门市部准备出售的商品、发出展览的商品以及寄存在外的商品等。

2. 非流动资产

非流动资产是指企业在一年以上或一个营业周期以上实现或者耗用的资产，包括长期股权投资、固定资产、无形资产等。

长期股权投资是指持有时间超过一年（不含一年），不准备在一年内变现或收回的投资，包括股票投资和债券投资等权益性投资。长期股权投资的目的是为了获得较为稳定的投资收益或者对被投资企业的经营活动实施控制或影响。

固定资产是指供企业生产经营使用而不以出售为目的，且其使用年限超过一年，并在使用过程中能够保持其原有实物形态的资产，包括房屋及建筑物、机器设备、运输设备、工具器具等。

无形资产是指企业在生产经营过程中拥有或者控制的没有实物形态的可辨认非货币性资产，主要包括专利权、非专利技术、商标权和土地使用权等。

二、负债

负债是指企业由于过去的交易或者事项而形成的现时义务，履行该义务预期会导致经济利益流出企业。

（一）负债的特征

1. 负责是由企业过去的交易或者事项形成的

例如，企业购入货物尚未付款，则企业产生了一项将来需付货款的义务。只有源于已经发生的交易或事项，会计上才有可能确认为负债。

2. 负债是企业承担的现时义务

现时义务是指企业在现行条件下已承担的义务。例如，通过与银行签订借款合同产生银行借款，通过与供应商签订商品销售合同赊购商品发生的应付账款，都属于企业在某种约定条件承担的现时义务。未来交易或事项所形成的义务非现时义务。例如，企业计划向银行借入资金 100 万元，则不属于企业要承担的现时义务。

3. 履行该义务预期会导致经济利益流出企业

企业在实际履行债务时是会导致资金流出企业的。例如，企业用银行存款偿还银行借款 100 万元，偿还后，企业的银行存款就会减少 100 万元。

（二）负债的分类

负债按其流动性，一般可分为流动负债和非流动负债。

1. 流动负债

流动负债是指将在一年或者超过一年的一个营业周期内偿付的债务，包括短期借款、应付票据、应付账款、预收账款、应付职工薪酬、应交税费、应付利润、其他应付款等。

短期借款是指企业向银行或其他金融机构借入的还款期限在一年以内的各种借款。例如，工业生产周转借款、临时借款等。

应付票据是指企业因购买商品或接受劳务等开出的交给销售方持有的商业汇票，包括银行承兑汇票和商业承兑汇票。

应付账款是指企业因赊购商品或接受劳务等经营活动应向销售方或提供劳务方支付而暂未支付的款项。

预收账款是指企业按照合同规定向购货单位预收的购货款和定金。

应付职工薪酬是指企业应付职工的工资总额以及包括在工资总额内的各种工资性奖金和津贴等。

应交税费是指企业应交纳的各种税金，包括增值税、消费税和所得税等。

应付利润是指企业应付给投资者的利润，包括应付给国家、其他单位以及个人的投资利润（股份有限公司支付的称为"应付股利"）。

其他应付款是指企业除上述各种应付款项以外的其他各种应付款。

2. 非流动负债

长期负债是指偿还期在一年或者超过一年的一个营业周期以上的各种债务，包括长期借款、应付债券、长期应付款等。同流动负债相比，长期负债的特点是数额较大，偿还期限较长。

长期借款是指企业向银行或其他金融机构借入的，归还期限在一年以上的各种借款。企业借入长期借款一般用于固定资产购建、固定资产改扩建工程及固定资产大修理工程等方面。

应付债券是指企业为筹集长期使用的资金对外发行的一种还款期在一年以上的书面凭证。企业发行债券的目的是为了筹集资金，但必须为此而支付本金和利息。

长期应付款是指企业除长期借款、应付债券以外的其他一切长期负债，如用补偿贸易引进的国外设备，应付的引进设备款和融资租入固定资产的应付租赁款等。

三、所有者权益

所有者权益是指所有者在企业资产中享有的经济利益，其金额为资产减去负债后的余额，亦称净资产。

（一）所有者权益的特征（相对于负债而言）

1. 一般不需要偿还，除非发生减资、清算

所有者权益资金属于企业的自有资金，除非有股东撤资或公司倒闭，是不需要偿还的。

2. 企业清算时，其清偿顺序位于负债之后

根据相关法律的规定，在企业同时面临偿债和退还投资者投资的情况下，首先应用资产偿还负债，之后才能用于退还投资者投资。

3. 它能够分享利润

当企业盈利时，所有者能按照所占份额分享收益；但当企业亏损时，所有者需按照所占份额承担亏损。

（二）所有者权益的分类

所有者权益包括四个项目：实收资本（在股份有限公司中，称作股本）、资本公积、盈余公积和未分配利润等。

1. 实收资本（或者股本）

实收资本（或股本）是指投资者按照企业章程或合同、协议的约定，实际投入企业的资本。例如，企业按注册资本平价发行股票，收到股票款 100 万元，这 100 万元就是实收资本。

2. 资本公积

资本公积是指投资人投入资本超过注册资本部分的金额，即资本（或股本）溢价。例如，企业溢价发行股票，收到股票款 120 万元，其中面值 100 万元，则超过面值部分的 20 万元即为资本公积。

3. 盈余公积

盈余公积是指企业从税后利润中提取的公积金，包括法定盈余公积和任意盈余公积。法定盈余公积是指企业按照规定的比例（一般为 10%）从净利润中提取的盈余公积；任意盈余公积是指企业经股东大会或类似机构批准后按照规定的比例从净利润中提取的盈余公积。企业的法定盈余公积和任意盈余公积可以用于弥补亏损、转增资本（或股本）。符合规定条件的企业，可以用盈余公积分派现金股利。

4. 未分配利润

未分配利润是指企业已经实现但尚未分配的利润。

资产、负债和所有者权益三大会计要素构成了资产负债表。资产负债表的基本格式见表 4-2-1。

表 4-2-1　　　　　　　　　　资产负债表

编制单位：　　　　　　　　　　年　月　日　　　　　　　　　　单位：

资产	年初数	期末数	负债和所有者权益	年初数	期末数
流动资产：			流动负债：		
货币资金			短期借款		
交易性金融资产			交易性金融负债		
应收票据			应付票据		
应收账款			应付账款		
预付账款			预收账款		
应收利息			应付职工薪酬		
应收股利			应交税费		
其他应收款			应付利息		
存货			应付股利		
一年内到期的非流动资产			其他应付款		
其他流动资产			一年内到期的非流动负债		
流动资产合计			其他流动负债		
非流动资产：			流动负债合计		

表4-2-1（续）

资产	年初数	期末数	负债和所有者权益	年初数	期末数
可供出售金融资产			非流动负债：		
持有至到期投资			长期借款		
长期应收款			应付债券		
长期股权投资			长期应付款		
投资性房地产			专项应付款		
固定资产			预计负债		
在建工程			递延所得税负债		
工程物资			其他非流动负债		
固定资产清理			非流动负债合计		
生产性生物资产			负债合计		
油气资产			所有者权益：		
无形资产			实收资本（或股本）		
开发支出			资本公积		
商誉			减：库存股		
长期待摊费用			盈余公积		
递延所得税资产			未分配利润		
其他非流动资产			所有者权益合计		
非流动资产合计					
资产总计			负债和所有者权益总计		

四、收入

收入是指企业在日常活动中形成的、会导致所有者权益增加的、与所有者投入资本无关的经济利益的总流入。收入包括企业在销售商品、提供劳务及让渡资产使用权等日常经营活动中形成的经济利益的总流入。

（一）收入的特点

1. 收入是在企业的日常活动中形成的

日常活动是指企业所进行的主要的、基本的业务活动。例如，汽车制造公司每天都要进行的汽车生产和销售活动等。非日常活动中产生的经济利益的流入称为利得。例如，企业处理固定资产获得的净收益。

2. 收入将引起企业所有者权益的增加

一般而言，企业进行日常活动实现的收入与费用抵减的结果为利润，而利润的所有权归所有者，收入越多，利润也就越高，所有者权益增加得也就越多。

3. 收入与所有者投入资本无关

尽管所有者投入资本会导致所有者权益增加，但增加的是实收资本或资本公积，与收入的实现是没有关系的。

（二）收入的分类

狭义的收入主要是指企业日常活动带来的经济利益流入，主要包括企业的主营业务收入、其他业务收入和投资收益；广义的收入除以上内容外，还包括企业非日常活动产生的经济利益流入，即营业外收入。

1. 主营业务收入

主营业务收入是指企业从事的日常主要业务获取的收入。例如：汽车制造企业销售汽车收入；计算机生产企业销售计算机收入等。

2. 其他业务收入

其他业务收入是指企业发生的日常其他业务所产生的收入。例如：产品生产企业处理其多余积压材料收入；汽车制造企业销售其汽车配件收入；计算机生产企业销售其计算机配件收入。

3. 投资收益

投资收益是指企业对外投资（包括交易性金融资产、长期股权投资）活动获取的股利、利息收入。

4. 营业外收入

营业外收入是指企业在其非日常活动中偶尔发生的经济利益流入。如企业处置固定资产和无形资产的净收益、固定资产盘盈、罚款收入等。

五、费用

费用是指企业在日常活动中发生的、会导致所有者权益减少的、与向所有者分配利润无关的经济利益的总流出。

（一）费用的特点

1. 费用是在企业的日常活动中形成的

日常活动是指企业所进行的主要的、基本的业务活动。非日常活动中产生的经济利益的流出称为损失。例如：企业处理固定资产获得的净损失；工商部门对企业进行的罚款。

2. 费用将引起企业所有者权益的减少

一般而言，企业进行日常活动实现的收入与费用抵减的结果为利润，而利润的所有权归所有者，费用越多，利润也就越少，所有者权益增加得也就越少。

3. 费用与向所有者分配利润无关

企业向所有者分配股利或利润，是将企业实现的经营成果分配给投资者的一种分配活动。虽然在分配利润的某些情形下（如分配现金股利）会导致经济利益流出企业，但该经济利益的流出导致的是企业利润的减少，而不是费用的增加，因而不能将其确认为企业的费用。

（二）费用的分类

1. 主营业务成本

主营业务成本是指企业为获取主营业务收入而产生的成本。例如，产品生产企业已经销售产品的成本。实际上是构成企业生产成本的内容，企业产品生产成本的构成主要有直接材料费、直接人工费和制造费用。

2. 其他业务成本

其他业务成本是指企业为获取其他业务收入而产生的成本。例如，汽车生产企业销售的积压配件本身的成本——采购成本。

3. 营业税金及附加

营业税金及附加也称销售税金，是指企业根据销售收入等确定的各种税费。如消费税、城建税和教育费附加等。

4. 期间费用

期间费用是指企业不能直接归属于某一特定产品成本，而应直接计入当期损益的各种费用。如销售费用、管理费用和财务费用。

（1）销售费用是指企业在销售产品过程中发生的各种费用。例如，专设销售机构人员的工资及福利费、广告费、展销费。

（2）管理费用是指企业为组织和管理整个企业的生产经营活动发生的各种费用。例如，管理部门人员的工资及福利费。

（3）财务费用是指企业为筹集和使用生产经营资金而发生的各种费用。例如，利息、汇兑损益、手续费。

5. 所得税费用

所得税费用是指企业根据税法规定，按照实现的利润总额确定的应向税务机关缴纳的税金。

6. 营业外支出

营业外支出是指企业偶尔发生的与其日常活动没有直接关系的各种支出。例如，固定资产盘亏损失、处置固定资产和无形资产的净损失、罚款支出、捐赠支出和非常损失等。

六、利润

利润是指企业在一定会计期间的经营成果。通常情况下，如果企业实现了利润，表明企业的所有者权益将增加，业绩得到了提升；反之，如果企业发生了亏损（即利润为负数），表明企业的所有者权益将减少，业绩下滑了。

利润包括收入减去费用后的净额、直接计入当期利润的利得和损失等。其中，收入减去费用后的净额反映的是企业日常活动的业绩，直接计入当期利润的利得和损失反映的是企业非日常活动的业绩。因此，利润的确认主要依赖于收入和费用以及利得和损失的确认。

收入、费用和利润三大会计要素构成了利润表。利润表的基本格式见表4-2-2。

表 4-2-2 利润表

编制单位： 年 月 单位：

项目	本月数	本年累计数
一、营业收入		
减：营业成本		
营业税金及附加		
销售费用		
管理费用		
财务费用		
资产减值损失		
加：公允价值变动收益		
投资收益		
二、营业利润		
加：营业外收入		
减：营业外支出		
三、利润总额		
减：所得税费用		
四、净利润		
五、每股收益：		
（一）基本每股收益		
（二）稀释每股收益		

第一步，计算填列营业收入和营业成本

营业收入=主营业务收入+其他业务收入

营业成本=主营业务成本+其他业务成本

第二步，计算营业利润

营业利润=营业收入-营业成本-营业税金及附加-销售费用-管理费用-财务费用-资产减值损失+公允价值变动收益（-公允价值变动损失）+投资收益（-投资损失）

第三步，计算利润总额

利润总额=营业利润+营业外收入-营业外支出

第四步，计算净利润

净利润=利润总额-所得税费用

第二节　会计等式

会计等式也称为会计平衡公式，它是表明各会计要素之间基本关系的恒等式。企业每发生一笔经济业务，都会导致会计要素发生增减变动，但不论会计要素如何发生变动，会计要素之间的这种平衡关系始终存在，这种表示会计要素之间平衡关系的等式就叫会计平衡公式。它是设置账户、复式记账和编制会计报表的理论依据。

一、基本会计等式

基本会计等式表示为：

资产＝负债+所有者权益

它表明了反映企业财务状况的三大会计要素之间的数量关系。下面我们详细地阐述这一等式的来龙去脉。

企业要从事生产经营活动，一方面必须拥有一定数量的资产，这些资产以各种不同的形态分布于企业生产经营活动的各个阶段，成为企业生产经营活动的基础；另一方面，这些资产要么来源于债权人，形成企业的负债；要么来源于投资者，形成企业的所有者权益。由此可见，资产和负债与所有者权益，实际上是同一价值运动的两个方面。一个是"来龙"，一个是"去脉"。因此，这两方面之间必然存在着恒等关系。也就是说，一定数额的资产必然对应着相同数额的负债与所有者权益，而一定数额的负债与所有者权益也必然对应着相同数额的资产。

二、会计事项的发生对基本会计等式的影响

经济业务也称为会计事项，是指企业在生产经营过程中发生的能以货币计量的，并能引起会计要素发生增减变化的事项。企业在生产经营过程中，不断地发生各种会计事项。这些会计事项的发生必然会引起会计要素的增减变动，但不会破坏上述等式的恒等关系。尽管企业经济业务多种多样，但概括起来主要有以下九种类型：

（一）引起等式两边会计要素同时增加的经济业务

1. 资产项目增加，同时负债项目也增加相同金额

【例 4-2-1】某公司 20×3 年 1 月 1 日的资产负债情况为（单位：万元）：

资产＝负债+所有者权益

100＝30+70

该公司 20×3 年 1 月 1 日从银行取得短期借款 10 万元，存入开户银行。

这项会计事项的发生，使企业的负债（短期借款）增加了 10 万元，同时也使企业的资产（银行存款）增加了 10 万元。它对会计等式的影响为：

资产＝负债+所有者权益

100+10＝30+10+70

110＝40+70

2. 资产项目增加，同时所有者权益项目也增加相同金额

【例4-2-2】该公司20×3年1月2日接受某投资者以固定资产出资20万元。

这项会计事项的发生，使企业的资产（固定资产）增加了20万元，同时也使企业的所有者权益（实收资本）增加了20万元。它对会计等式的影响为：

资产＝负债+所有者权益

110+20＝40+70+20

130＝40+90

（二）引起等式两边会计要素同时减少的经济业务

1. 资产项目减少，同时负债项目也减少相同金额

【例4-2-3】该公司20×3年1月3日用银行存款归还前欠某公司货款30万元。

这项会计事项的发生，使企业的资产（银行存款）减少了30万元，同时也使企业的负债（应付账款）减少了30万元。它对会计等式的影响为：

资产＝负债+所有者权益

130−30＝40−30+90

100＝10+90

2. 资产项目减少，同时所有者权益项目也减少相同金额

【例4-2-4】该公司20×3年1月4日以银行存款归还联营单位投资10万元。

这项会计事项的发生，使企业的资产（银行存款）减少了10万元，同时也使企业的所有者权益（实收资本）减少了10万元。它对会计等式的影响为：

资产＝负债+所有者权益

100−10＝10+90−10

90＝10+80

（三）引起等式左边会计要素发生增减变动的经济业务

即资产方项目一增一减，但增减金额相等，故等式保持平衡。

【例4-2-5】该公司20×3年1月5日从银行提取现金5万元。

这项会计事项的发生，使企业的资产（库存现金）增加了5万元，同时也使企业的资产（银行存款）减少了5万元。它对会计等式的影响为：

资产＝负债+所有者权益

90−5+5＝10+80

90＝10+80

（四）引起等式右边会计要素发生增减变动的经济业务

1. 等式右边的负债项目一增一减

【例4-2-6】该公司20×3年1月6日向银行借入20万元的短期借款来偿还前欠货款。

这项会计事项的发生，使企业的负债（短期借款）增加了20万元，同时也使企业

的负债（应付账款）减少了 20 万元。它对会计等式的影响为：

资产＝负债＋所有者权益

90＝10＋20－20＋80

90＝10＋80

2. 等式右边的所有者权益项目一增一减

【例 4-2-7】该公司 20×3 年 1 月 7 日将盈余公积 30 万元转增资本。

这项会计事项的发生，使企业的所有者权益（实收资本）增加了 30 万元，同时也使企业的所有者权益（盈余公积）减少了 30 万元。它对会计等式的影响为：

资产＝负债＋所有者权益

90＝10＋80＋30－30

90＝10＋80

3. 等式右边的负债项目增加，而所有者权益项目减少

【例 4-2-8】该公司 20×3 年 1 月 8 日决定向投资者分配利润 30 万元。

这项会计事项的发生，使企业的负债（应付利润）增加了 30 万元，同时也使企业的所有者权益（未分配利润）减少了 30 万元。它对会计等式的影响为：

资产＝负债＋所有者权益

90＝10＋30＋80－30

90＝40＋50

4. 等式右边的所有者权益项目增加，而负债项目减少

【例 4-2-9】该公司 20×3 年 1 月 9 日，经供货单位同意，将应付账款 10 万元转作本企业的投资。

这项会计事项的发生，使企业的所有者权益（实收资本）增加了 10 万元，同时也使企业的负债（应付账款）减少了 10 万元。它对会计等式的影响为：

资产＝负债＋所有者权益

90＝40－10＋50＋10

90＝30＋60

通过以上分析可以看出，不论企业发生那种类型的经济交易或事项，会计恒等式始终成立。

练习题一

（一）目的：熟悉各会计要素的经济内容，练习对会计要素的分类。

（二）资料：某公司某月末有关项目余额如下：

1. 出纳处存放的现金 1 500 元。

2. 银行里的存款 10 000 元。

3. 机器设备价值 300 000 元。

4. 仓库里存放的产成品 20 400 元。

5. 仓库里存放的原材料 600 000 元。

6. 应收外单位货款 10 000 元。

7. 房屋及建筑物价值 500 000 元。

8. 商标价值 100 000 元。

9. 专利技术价值 200 000 元。

10. 向银行借入两年期的借款 60 000 元。

11. 向银行借入半年期的借款 50 000 元。

12. 应付外单位货款 90 000 元。

13. 应向税务部门纳税 12 000 元。

14. 应支付员工工资 100 000 元。

15. 投资者投入资本 200 000 元。

16. 以前年度尚未分配的利润 80 000 元。

（三）要求：判断上列资料中各项目的类别（资产、负债、所有者权益）。

练习题二

（一）目的：练习经济业务的类型及其对会计等式的影响。

（二）资料：某公司发生如下经济业务：

1. 用银行存款购入全新机器一台，价值 40 000 元。

2. 投资者投入无形资产，价值 10 000 元。

3. 以银行存款偿还所欠供应单位账款 8 000 元。

4. 收到购货单位前欠账款 10 000 元，收存银行。

5. 向银行借入短期借款 10 000 元，已存入银行。

6. 向东方公司购买原材料价值 170 000，款项尚未支付。

7. 将现金 10 000 存入银行。

8. 偿还银行短期借款 10 000 元。

（三）要求：根据以上发生的经济业务，分析说明对会计要素的影响情况。

第三章　账户与复式记账

【学习目的】

通过本章学习，要求学生理解设置会计科目的原则，再次熟悉常用会计科目，掌握账户的基本结构、借贷复式记账法的运用以及会计分录的编制。

第一节　会计科目与账户

一、会计科目

（一）会计科目的含义

会计科目就是对会计要素按照不同的经济内容和管理需要进行分类的项目，是设置会计账户的依据，也是构成会计报表项目的主要构成内容。例如，企业从银行获得一笔长期借款，已经存入企业银行账户。从业务内容来看，这笔业务涉及资产和负责要素，但在会计上不能以会计要素为单位进行处理，还需进一步分析这笔业务涉及要素的哪一方面，在这里就涉及"银行存款"和"长期借款"两个会计科目。

在实际工作中，财政部颁布的《企业会计准则——应用指南》对各类企业的会计科目做出了统一规范，企业可以根据实际需要有选择地使用这些会计科目，作为设置账户的依据。

（二）设置会计科目的原则

设置会计科目必须遵循一定的原则，主要有以下几个方面：

1. 全面性原则

会计科目是对会计要素按照不同的经济内容和管理需要进行分类的项目，因此，会计科目的设置要求能全面地反映企业会计要素的内容，不得有遗漏。

2. 相关性原则

会计科目的设置必须能满足会计信息使用者对企业会计信息的需求。会计信息的需求者主要有企业内部经济管理部门、国家宏观经济管理部门、投资者、债权人等，设置会计科目时需尽量满足他们对信息的需要。

3. 统一性与灵活性兼顾原则

统一性就是在设置会计科目时，根据《企业会计准则》的要求对一些主要会计科目的设置进行统一的规定，核算指标的计算标准、口径都要统一。

灵活性就是在能够提供统一的核算指标的前提下，各个单位根据自己的具体情况及投资者的要求，设置或增补会计科目。

4. 会计科目的名称要简单明确，字义相符，通俗易懂

简单明确是指根据经济业务的特点尽可能简洁明确地规定会计科目的名称；字义相符是指按照中文习惯，能够顾名思义，不致产生误解；通俗易懂是指要尽量避免使用晦涩难懂的文字，便于大多数人正确理解。

5. 稳定性原则

为了便于在不同时期分析、比较会计核算指标和在一定范围内汇总核算指标，应保证会计科目的相对稳定，不能经常变动会计科目的名称、内容和数量。

（三）会计科目的内容

我国会计科目及核算内容都是由财政部统一规定的，2006 年制定的《企业会计准则》中规定的会计科目表如表 4-3-1 所示。

表 4-3-1　　　　　　　　　　会计科目表（简化表）

编号	会计科目名称	编号	会计科目名称
	一、资产类	2211	应付职工薪酬
1001	库存现金	2221	应交税费
1002	银行存款	2231	应付利息
1101	交易性金融资产	2232	应付股利
1121	应收票据	2241	其他应付款
1122	应收账款	2501	长期借款
1123	预付账款	2502	应付债券
1131	应收股利		三、所有者权益类
1132	应收利息	4001	实收资本
1221	其他应收款	4002	资本公积
1231	坏账准备	4101	盈余公积
1401	材料采购	4103	本年利润
1402	在途物资	4104	利润分配
1403	原材料		四、成本类
1404	材料成本差异	5001	生产成本
1405	库存商品	5101	制造费用
1411	周转材料		五、损益类
1471	存货跌价准备	6001	主营业务收入
1511	长期股权投资	6051	其他业务收入

表4-3-1（续）

编号	会计科目名称	编号	会计科目名称
1601	固定资产	6101	公允价值变动损益
1602	累计折旧	6111	投资收益
1604	在建工程	6301	营业外收入
1701	无形资产	6401	主营业务成本
1702	累计摊销	6402	营业税金及附加
1901	待处理财产损溢	6403	其他业务成本
	二、负债类	6601	销售费用
2001	短期借款	6602	管理费用
2201	应付票据	6603	财务费用
2202	应付账款	6711	营业外支出
2203	预收账款	6801	所得税费用

（四）会计科目的级次

会计科目按其提供指标的详细程度，可以分为以下两类：

1. 总分类科目

总分类科目也称一级科目。它是对会计要素的具体内容进行总括分类的会计科目，是反映总括性核算指标的科目。例如，"原材料""固定资产""短期借款""应付账款"等。按我国现行会计制度规定，总分类科目一般由财政部或企业主管部门统一制定。表 4-3-1 中的会计科目都是总分类科目。

2. 明细分类科目

明细分类科目是对总分类科目的内容再做详细分类的科目，它是反映核算指标详细、具体情况的科目。例如，在"应付账款"总分类科目下按具体应付单位分设明细科目，具体反映应付哪个单位的货款。按我国现行会计制度规定，明细分类科目除会计制度规定设置的以外，各单位可根据实际需要自行设置。会计科目按提供指标详细程度的分类见表 4-3-2。

表 4-3-2　　会计科目按其级次的分类

总分类科目	明细分类科目
应收账款	万华公司
	顺达公司
原材料	甲材料
	乙材料

二、账户

(一)账户的概念

会计科目只是对会计要素按照不同的经济内容和管理需要进行分类的项目，还不能进行具体的会计核算。为了全面、序时、连续、系统地反映和监督会计要素的增减变动，还必须设置账户。

会计账户是根据会计科目设置的，具有一定结构形式，用以连续、系统、全面地记录交易或事项，反映会计要素增减变动及其结果，并为会计报告的编制提供数据资料的一种工具。账户是根据会计科目设置的，因此账户的名称必然与会计科目一致。账户的设置也与会计科目的级次有关，即根据总分类科目开设总分类账户，根据明细分类科目开设明细分类账户。

会计科目与会计账户是两个既有区别又相互联系的不同概念。二者的共同点是：两者所反映的经济内容是相同的。在实际工作中，由于账户是根据会计科目开设的，有什么样的会计科目就有什么样的账户。二者的主要区别是：会计科目只表明某项会计要素的具体内容，而账户不仅表明相同的内容，还具有一定的结构和格式，可以对会计对象进行连续、系统的记录，以反映某项经济内容的增减变化及其结果。

(二)账户的结构

账户具有一定的结构。账户的结构是由经济交易或事项的发生引起会计科目发生变动的情况决定的。而经济交易或事项的发生所引起会计科目的变动结果，从数量上看只有两种情况：增加或减少。因此，账户的结构也相应地分为两个基本部分，即划分为左右两方，一方登记增加数，另一方登记减少数。账户的一般格式如表4-3-3所示。

表4-3-3　　　　　　　　　　账户的格式

账户名称：（会计科目）

年		凭证号数	摘要	借方	贷方	余额
月	日					

为教学方便，在教科书中通常用简化的"T"字形账户来说明账户结构。"T"字形账户是指在账户的全部结构中用来登记增加额、减少额和余额的那部分结构。具体格式见图4-3-1。

左方	账户（会计科目）	右方

图 4-3-1　"T"字形账户

在账户中，账户的左右两方按相反方向来记录增加额和减少额。如果左方用来登记增加数，那么右方肯定就用来登记减少数；反之亦然。但究竟账户的哪一方登记增加数，哪一方登记减少数，这在下一节内容里面介绍。

账户的左右两方分别用来登记增加数或减少数，增减相抵后的差额，称为账户的余额。在一个会计期间内，账户的增加数一般大于账户的减少数，所以账户的余额一般在账户的增加方。一个会计期间开始时记录的余额称为期初余额，结束时记录的余额称为期末余额。因此，账户一般有四个金额：期初余额、本期增加发生额、本期减少发生额和期末余额。这四项金额的关系可以用下列等式来表示：

期末余额＝期初余额＋本期增加发生额－本期减少发生额

账户的增减变动无非涉及以下两种情况：

1. 账户左方登记增加数额，右方登记减少数额

左方		账户名称	右方
期初余额	×××		
本期增加额	×××	本期减少额	×××
	×××		×××
本期增加发生额	×××	本期减少发生额	×××
期末余额	×××		

图 4-3-2　账户记录

2. 账户左方登记减少数额，右方登记增加数额

左方		账户名称	右方
		期初余额	×××
本期减少额	×××	本期增加额	×××
	×××		×××
本期减少发生额	×××	本期增加发生额	×××
		期末余额	×××

图 4-3-3　账户记录

第二节 借贷记账法

一、记账方法的意义和种类

记账方法是指如何将已发生的经济交易与事项记录在会计账户中的方法。记账方法可以分为单式记账法和复式记账法两种类型。

(一) 单式记账法

单式记账法是指对企业发生的任何一项交易或事项都只在一个账户中进行单方面记录的一种记账方法。通常只记录债权债务交易以及现金、银行存款交易，而对于其他经济交易与事项则不予记录。

例如，某企业用银行存款购入一批商品 10 000 元，采用单式记账法时只在"银行存款"账户中做减少 10 000 元的记录，而"库存商品"的增加则不予记录。

单式记账法是一种不完善的记账方法，不能全面地反映经济交易或事项的来龙去脉，也不便于检查账簿记录的正确性，因此逐渐被复式记账法所取代。

(二) 复式记账法

复式记账法是指对企业发生的任何一项交易或事项都以相等的金额在两个或两个以上相互联系的账户中进行平衡记录，借以反映会计要素具体内容增减变化的记账方法。

例如，某企业用银行存款购入一批商品 10 000 元，采用复式记账法时既要在"银行存款"账户中做减少 10 000 元的记录，又要在"库存商品"账户中作增加 10 000 元的记录。

复式记账包括借贷记账法、收付记账法和增减记账法等。借贷记账法是目前国际上通用的记账方法，从 1993 年 7 月 1 日开始，我国要求所有企业均采用借贷记账法记账。

二、复式记账法的理论依据

复式记账法是一种科学的记账方法。它建立在会计等式的基础上，并以此作为理论依据。前已述及，基本的会计等式为：

资产＝负债+所有者权益

会计等式反映了企业资金运动的内在规律性。任何经济业务的发生都会对会计要素产生影响，但都不会破坏会计等式的平衡，即遵循资金运动的规律。复式记账法对任何经济业务的发生都在两个或两个以上账户中以相等的金额加以记录，也同样遵循资金运动的规律。因此，复式记账的理论依据是会计等式。

三、借贷记账法

借贷记账法是以"借"和"贷"作为记账符号，记录交易或事项的发生和完成情况的一种复式记账方法。它大约起源于 12 世纪的意大利。当时，意大利北部地区的商品贸易较为发达，为了适应商业资本和借贷资本经营者管理的需要，便逐步产生了以"借"

"贷"为记账符号的记账方法。借贷记账法作为一种科学的复式记账方法，形成于 15 世纪，并以 1494 年卢卡·帕乔利所著《算术、几何、比及比例概要》的问世为标志。

（一）记账符号

借贷记账法以"借"和"贷"作为记账符号。在账户结构中用"借方"和"贷方"分别代替"左方"和"右方"。

"借""贷"二字最初的含义是从借贷资本家的角度来解释的。借贷资本家在经营货币的借入与贷出时，把从债权人借入的款项记在"贷主"名下，表示自身债务的增加；把向债务人贷出的款项，记在"借主"名下，表示自身债权的增加。

随着经济的发展，非借贷行业也开始使用"借""贷"记账符号，此时，"借""贷"二字已经失去了原有的含义而仅仅作为一种纯粹的记账标志存在。

（二）账户结构

借贷记账法的账户基本结构分为左右两方，称左方为"借方"，右方为"贷方"，账户的借贷两方必须做相反方向的记录。

确立账户结构的理论依据是会计等式。账户结构的确立是以其在会计等式中的位置来决定的。根据会计等式：

资产＋费用＝负债＋所有者权益＋收入

账户可分为等式左边的账户和等式右边的账户，处于等式左边的资产和费用账户，用账户的"左方"即借方记增加，右方即"贷方"记减少，余额一般在借方；处于等式右边的负债、所有者权益、收入账户，用账户的"右方"即贷方记增加，用"左方"即借方记减少，余额一般在贷方。

1. 资产类账户

资产类账户的结构是：借方登记资产的增加额，贷方登记资产的减少额。期末余额一般在借方，表示期末资产的实有数额，如图 4-3-4 所示。

借方		资产账户	贷方	
期初余额	×××			
本期增加额	×××	本期减少额	×××	
	×××		×××	
本期借方发生额	×××	本期贷方发生额	×××	
期末余额	×××			

图 4-3-4　资产类账户

期末余额＝期初余额＋本期增加发生额－本期减少发生额

2. 负债类账户

负债类账户的结构是：贷方登记负债的增加额，借方登记负债的减少额。期末余额一般在贷方，表示期末负债的实有数额，如图 4-3-5 所示。

借方		负债账户	贷方
		期初余额	×××
本期减少额	×××	本期增加额	×××
	×××		×××
本期借方发生额	×××	本期贷方发生额	×××
		期末余额	×××

图 4-3-5　负债类账户

3. 所有者权益类账户

所有者权益类账户的结构是：贷方登记所有者权益的增加额，借方登记所有者权益的减少额。期末余额一般在贷方，表示期末所有者权益的实有数额，如图 4-3-6 所示。

借方		所有者权益账户	贷方
		期初余额	×××
本期减少额	×××	本期增加额	×××
	×××		×××
本期借方发生额	×××	本期贷方发生额	×××
		期末余额	×××

图 4-3-6　所有者权益类账户

4. 成本类账户

成本类账户的结构是：借方登记成本的增加额，贷方登记成本的转出额。在每一个会计期末，用借方发生额与贷方发生额相比较，如果已发生的所有的成本均转为资产，则成本类账户期末没有余额；如果尚有一部分成本没有转为资产，则会有借方差额，表示期末尚未转为资产的成本数额，如图 4-3-7 所示。

借方		成本账户	贷方
期初余额	×××		
本期增加额	×××	本期转出额	×××
	×××		×××
本期借方发生额	×××	本期贷方发生额	×××
期末余额	×××		

图 4-3-7　成本类账户

5. 损益类账户

反映各项损益的账户称为损益类账户。损益类账户按反映的具体内容不同，又可分为收入类账户和费用类账户。企业在生产经营过程中要不断地取得各种收入，而为了取得收入，就要发生各种费用支出。将一定期间的收入与费用相配比，就可以计算出企业实现的利润。利润是企业资产的一个来源，在未分配前可以看成企业所有者权益的增加。因为收入的增加意味着利润的增加，其结构应同所有者权益类账户基本相同；而费用的增加则意味着利润的减少，所以其结构应与所有者权益类账户相反，与资产类账户结构相同。

应明确的是，为了在期末对收入和费用进行配比以计算当期利润，在期末时，要将所有本期实现的收入从收入账户转出，转入反映利润的有关账户，表示所有者权益的增加；而所有本期发生的费用，也要从费用账户转出，转入反映利润的账户，表示所有者权益的减少。因而损益类账户的特征是期末结转利润后，损益类账户没有余额。

收入类账户的结构是：贷方登记收入的增加额，借方登记收入的减少额和转出额。在每一个会计期末，将收入的发生额从借方转出，期末结转后收入类账户无余额。

收入类账户的结构如图 4-3-8 所示。

借方		收入账户	贷方	
本期减少额	×××	本期增加额	×××	
及转出额	×××		×××	
本期借方发生额	×××	本期贷方发生额	×××	

图 4-3-8　收入类账户

费用类账户的结构是：借方登记费用支出的增加额，贷方登记费用的减少额和转出额。在每一个会计期末，将费用支出的发生额从贷方转出，期末结转后费用类账户无余额，如图 4-3-9 所示。

借方		费用账户	贷方	
本期增加额	×××	本期减少及	×××	
	×××	转出额	×××	
本期借方发生额	×××	本期贷方发生额	×××	

图 4-3-9　费用类账户

根据以上对各类账户结构的说明，借贷记账法账户的结构可以归纳为如图 4-3-10 所示的内容。

	借方	账户名称	贷方
资产	增加		减少
成本费用	增加		减少（结转）
负债	减少		增加
所有者权益	减少		增加
收入	减少（结转）		增加
	期末余额：资产或成本余额		期末余额：负债或所有者权益余额

图 4-3-10　借贷记账法账户

（三）记账规则

借贷记账法的记账规则通常概括为："有借必有贷，借贷必相等"。其具体含义是：在借贷记账法下，对任何经济业务进行分析，都会涉及两个或两个以上的账户，不论引起账户的增加还是减少，如果一个账户记在借方，那么另一个账户一定就记在贷方，而且两者所记的金额相等。

下面举例说明借贷记账法的记账规则。

【例4-3-1】A公司接受某单位的追加投资300 000元，款项已存入银行。

这项经济业务的发生，使属于所有者权益的"实收资本"和属于资产的"银行存款"两个账户发生变动，"实收资本"增加300 000元记入贷方，"银行存款"增加300 000元记入借方。

【例4-3-2】A公司用银行存款50 000元购买原材料。

这项经济业务的发生，使同属于资产的"原材料"和"银行存款"两个账户发生变动，"原材料"增加50 000元记借方，"银行存款"减少50 000元记贷方。

【例4-3-3】A公司向银行借入6个月的临时周转借款1 000 000元，款项已划入单位银行存款账户。

这项经济业务的发生，使属于负债的"短期借款"和属于资产的"银行存款"两个账户发生变动，"短期借款"增加1 000 000元记入贷方，"银行存款"增加1 000 000元记入借方。

【例4-3-4】A公司用银行存款200 000元归还长期借款。

这项经济业务的发生，使属于负债的"长期借款"和属于资产的"银行存款"两个账户发生变动，"长期借款"减少200 000元记借方，"银行存款"减少200 000元记贷方。

银行存款		长期借款	
	200 000		200 000

【例4-3-5】A公司销售商品一批，价值700 000元，货款暂未收。（不考虑增值税）

这项经济业务的发生，使属于资产的"应收账款"和属于收入的"主营业务收入"两个账户发生变动，"应收账款"增加700 000元记借方，"主营业务收入"增加700 000元记贷方。

应收账款		主营业务收入	
700 000			700 000

【例4-3-6】A公司用现金1 500元购买办公用品。

这项经济业务的发生，使属于费用的"管理费用"和属于资产的"库存现金"两个账户发生变动，"管理费用"增加1 500元记借方，"库存现金"减少1 500元记贷方。

库存现金		管理费用	
	1 500	1 500	

（四）会计分录

1. 会计分录的含义

会计分录是指针对每项经济交易与事项确定其应当登记的账户名称、借贷方向及其金额的书面记录。

例如，某企业于6月10日用银行存款50 000元偿还应付账款。针对该项经济交易，该企业应编制如下会计分录：

借：应付账款　　　　　　　　　　　　　　　　　　　50 000
　贷：银行存款　　　　　　　　　　　　　　　　　　　　50 000

当一项经济交易与事项发生后，企业根据所设置的账户并按照借贷记账法编制会计分录，从而使得两个或多个特定的会计账户之间形成了一种"应借应贷关系"。这种账户之间的应借应贷关系，被称为"账户对应关系"；具有对应关系的账户，被称为"对应账户"。如上例中的"银行存款"账户和"应付账款"账户。根据账户之间的对应关系，可以分析和判断经济交易与事项的具体内容，从而深刻了解企业经济活动的实际情况。例如，根据"借：应付账款50 000，贷：银行存款50 000"所反映的账户对应关系，可以确定企业发生了"偿还应付账款50 000元的经济交易"。

在实际工作中，企业编制会计分录实际上就是根据原始凭证编制"记账凭证"，记账凭证是用来登记账户（账簿）的直接依据。

2. 会计分录的编制步骤

（1）首先分析这项经济业务涉及的账户名称，判断其是增加还是减少；

（2）判断应计账户的性质，按账户结构确定应记入有关账户的借方还是贷方；

（3）根据借贷记账法的记账规则，确定应记入每个账户的金额；

（4）按分录的格式要求编写会计分录。会计分录的书写要求：借在上贷在下，借、贷错开一字格，金额分排两列，金额后不必写"元"。

现以前面记账规则中所举的六项经济业务为例，编制会计分录如下：

例 4-3-1　借：银行存款　　　　　　　　　　　　　　　　300 000
　　　　　　　贷：实收资本　　　　　　　　　　　　　　　　300 000

例 4-3-2　借：原材料　　　　　　　　　　　　　　　　　　50 000
　　　　　　　贷：银行存款　　　　　　　　　　　　　　　　　50 000

例 4-3-3　借：银行存款　　　　　　　　　　　　　　1 000 000
　　　　　　　贷：短期借款　　　　　　　　　　　　　　1 000 000

例 4-3-4　借：长期借款　　　　　　　　　　　　　　　200 000
　　　　　　　贷：银行存款　　　　　　　　　　　　　　　200 000

例 4-3-5　借：应收账款　　　　　　　　　　　　　　　700 000
　　　　　　　贷：主营业务收入　　　　　　　　　　　　　700 000

例 4-3-6　借：管理费用　　　　　　　　　　　　　　　　1 500
　　　　　　　贷：库存现金　　　　　　　　　　　　　　　　1 500

（五）借贷记账法的试算平衡

试算平衡，就是根据"资产＝负债+所有者权益"的平衡关系，按照记账规则的要求，通过汇总计算和比较，检查账户记录的正确性和完整性的方法。借贷记账法下的试算平衡主要有两种方式。

1. 发生额试算平衡

采用借贷记账法，由于对任何经济业务都是按照"有借必有贷、借贷必相等"的记账规则记入各有关账户，所以不仅每一笔会计分录借贷发生额相等，而且当一定会计期间的全部经济业务都记入相关账户后，所有账户的借方发生额合计数必然等于贷方发生额合计数。这个平衡用公式表示为：

全部账户本期借方发生额合计＝全部账户本期贷方发生额合计

2. 余额试算平衡

到某一会计期末，由于所有账户的期初借方与贷方余额合计数是相等的，而且所有账户的借方发生额合计数又等于贷方发生额合计数，因此，所有账户的期末借方余额合计数也必然等于贷方余额合计数。这个平衡用公式表示为：

全部账户期末借方余额合计＝全部账户期末贷方余额合计

企业在期末可以依据上述两式分别编制总分类账户本期发生额试算平衡表和期末

余额试算平衡表，或合并编制总分类账户本期发生额及余额试算平衡表，进行试算平衡。试算平衡表的格式如表4-3-4、表4-3-5、表4-3-6。

表4-3-4　　　　　　　　　　**总分类账户发生额试算平衡表**

　　　　　　　　　　　　　　　　年　月　日　　　　　　　　　　　　单位：元

账户名称	本期发生额	
	借方	贷方
合计		

表4-3-5　　　　　　　　　　**总分类账户余额试算平衡表**

　　　　　　　　　　　　　　　　年　月　日　　　　　　　　　　　　单位：元

账户名称	期末余额	
	借方	贷方
合计		

表4-3-6　　　　　　　　　　**总分类账户发生额及余额试算平衡表**

　　　　　　　　　　　　　　　　年　月　日　　　　　　　　　　　　单位：元

账户名称	期初余额		本期发生额		期末余额	
	借方	贷方	借方	贷方	借方	贷方
合计						

　　需注意，试算平衡只是通过借贷金额是否平衡来检查账户记录是否正确的一种方法。如果借贷双方发生额或余额相等，可以表明账户记录基本正确，但不足以说明账户记录完全没有错误。因为有些错误并不影响借贷双方的平衡，如漏记或重记某项经济业务，或者应借应贷科目用错，或者借贷方向颠倒，或者借方和贷方都多记或少记相同的金额等。如果经试算的双方金额不等，则可以肯定账户记录或计算有误，需要进一步查实。

（六）借贷记账法的具体运用——实例

　　下面，我们通过举例进一步说明借贷记账法的具体运用。

　　1. 大华公司8月有关账户期初余额如表4-3-7所示。

表 4-3-7　　　　　　　　　　　各账户期初余额表　　　　　　　　　　单位：元

账户名称	期初余额	
	借方	贷方
库存现金	2 000	
银行存款	20 000	
固定资产	100 000	
原材料	50 000	
短期借款		22 000
应付账款		50 000
实收资本		100 000
合计	172 000	172 000

2. 该公司 8 月份发生下列经济业务：

（1）从银行提取现金 1 000 元备用。

（2）收到投资者投入资金 200 000 元，已存入单位银行账号。

（3）用银行存款 120 000 元购入一台全新机器设备。

（4）用银行存款 50 000 元偿还前欠某企业账款。

（5）购进材料一批价值 16 000 元，材料已验收入库，但货款尚未支付（不考虑增值税）。

（6）以银行存款偿还银行短期借款 8 000 元。

3. 根据上述经济业务编制会计分录如下：

（1）借：库存现金　　　　　　　　　　　　　　　　　　　　1 000
　　　　贷：银行存款　　　　　　　　　　　　　　　　　　　　　1 000

（2）借：银行存款　　　　　　　　　　　　　　　　　　　　200 000
　　　　贷：实收资本　　　　　　　　　　　　　　　　　　　　　200 000

（3）借：固定资产　　　　　　　　　　　　　　　　　　　　120 000
　　　　贷：银行存款　　　　　　　　　　　　　　　　　　　　　120 000

（4）借：应付账款　　　　　　　　　　　　　　　　　　　　50 000
　　　　贷：银行存款　　　　　　　　　　　　　　　　　　　　　50 000

（5）借：原材料　　　　　　　　　　　　　　　　　　　　　16 000
　　　　贷：应付账款　　　　　　　　　　　　　　　　　　　　　16 000

（6）借：短期借款　　　　　　　　　　　　　　　　　　　　8 000
　　　　贷：银行存款　　　　　　　　　　　　　　　　　　　　　8 000

4. 将会计分录的记录记入有关账户（见图 4-3-11）。

库存现金

借方		贷方	
期初余额	2 000		
（1）	1 000		
本期发生额	1 000	本期发生额	0
期末余额	3 000		

银行存款

借方		贷方	
期初余额	20 000		
（2）	200 000	（1）	1 000
		（3）	120 000
		（4）	50 000
		（5）	8 000
本期发生额	200 000	本期发生额	179 000
期末余额	41 000		

固定资产

借方		贷方	
期初余额	100 000		
（3）	120 000		
本期发生额	120 000	本期发生额	0
期末余额	220 000		

原材料

借方		贷方	
期初余额	50 000		
（5）	16 000		
本期发生额	16 000	本期发生额	0
期末余额	66 000		

短期借款

借方		贷方	
		期初余额	22 000
（6）	8 000		
本期发生额	8 000	本期发生额	0
		期末余额	14 000

应付账款

借方		贷方	
		期初余额	50 000
（4）	50 000	（5）	16 000
本期发生额	50 000	本期发生额	16 000
		期末余额	16 000

实收资本

借方		贷方	
		期初余额	100 000
		（2）	200 000
本期发生额	0	本期发生额	200 000
		期末余额	300 000

图 4-3-11 大华公司 8 月份经济交易的"T"字形账户（单位：元）

5. 根据账户记录编制发生额及余额试算平衡表（见表 4-3-8）。

表 4-3-8 总分类账户发生额及余额试算平衡表

××年 8 月 31 日 单位：元

账户名称	期初余额		本期发生额		期末余额	
	借方	贷方	借方	贷方	借方	贷方
库存现金	2 000		1 000		3 000	

表4-3-8(续)

账户名称	期初余额		本期发生额		期末余额	
	借方	贷方	借方	贷方	借方	贷方
银行存款	20 000		200 000	179 000	41 000	
固定资产	100 000		120 000		220 000	
原材料	50 000		16 000		66 000	
短期借款		22 000	8 000			14 000
应付账款		50 000	50 000	16 000		16 000
实收资本		100 000		200 000		300 000
合计	172 000	172 000	395 000	395 000	330 000	330 000

练习题

（一）目的：练习会计分录的编制

（二）资料：大华公司6月发生以下经济业务（不考虑增值税）：

1. 购进不需安装的机器设备一台，价值20 000元，以银行存款支付。

2. 从银行提取现金2 000元。

3. 将现金50 000元存入银行。

4. 投资者投入专利技术，价值40 000元。

5. 生产车间向仓库领用材料一批价值50 000元，投入生产。

6. 以银行存款30 000元，偿还应付供货单位货款。

7. 向银行取得长期借款160 000元，存入银行。

8. 用银行存款上交所得税9 000元。

9. 收到捐赠人赞助现金5 000元。

10. 收到购货单位前欠货款18 000元，全部存入银行。

（三）要求：根据以上资料编制会计分录。

第四章　会计凭证

【学习目的】

通过本章学习，要求学生掌握原始凭证和记账凭证的填制要求和填制方法，能正确填制发票、支票、现金交款单以及记账凭证。

第一节　会计凭证概述

一、会计凭证的概念

会计凭证是指记录经济业务，明确经济责任的书面证明，也是登记账簿的依据。填制和审核会计凭证，是会计工作的开始，也是会计对经济业务进行监督的重要环节。

一切会计记录都必须有真凭实据，从而使会计核算资料具有客观性，这是会计核算必须遵循的原则，也是会计核算区别于其他经济管理活动的一个重要特点。所以填制和审核会计凭证就成为会计核算工作的起点。任何经济业务发生，必须由经办经济业务的有关人员填制会计凭证，记录经济业务的日期、内容、数量和金额，并在凭证上签名盖章，对会计凭证的真实性和正确性负完全责任。只有经过审核无误的会计凭证，才能据以收、付款，动用财产物资及登记账簿。

二、会计凭证的意义

会计凭证在会计核算中，具有十分重要的意义，归纳起来主要有以下几个方面：

（一）提供会计信息

各单位日常发生的经济业务主要有：资金的取得和运用、采购业务、生产过程中的各种耗费、销售业务以及经营成果的分配等，既有货币资金的收付，又有财产物资的进出。通过会计凭证的填制，可以将日常所发生的大量的经济业务进行整理、分类与汇总，为经济管理提供有用的会计信息。

（二）可以更有力地发挥会计的监督作用

通过会计凭证的审核，可以检查单位的各项经济业务是否符合国家的法规、制度和计划，是否具有最好的经济效益，有无铺张、浪费、贪污、盗窃等损害公共财产的行为发生，有无违反财经纪律的现象；可以及时发现经济管理中存在的问题，从而可以防止违法乱纪、损害公共利益的行为发生，改善经营管理，提高经济效益。

（三）可以加强经济管理中的责任制

会计凭证的填制需要有关经办人员在凭证上签字、盖章，以明确业务责任。这样，可以促使经办人员明确自己的职责，增强责任感，严格按有关政策和制度处理交易或事项。一旦出现经济纠纷等问题，也便于检查和分清责任，从而加强经济管理中的责任制。

三、会计凭证的种类

由于各个单位的经济业务多种多样，因而所使用的会计凭证种类繁多，其用途、性质、填制的程序乃至格式等都因经济业务的需要不同而具有多样性，按照不同的标志可以对会计凭证进行不同的分类。按会计凭证填制的程序和用途不同，可以将其分为原始凭证和记账凭证两大类。

第二节　原始凭证

一、原始凭证的定义

原始凭证是指在经济业务发生时填制或取得的，用以证明经济业务的发生或完成情况，具有法律效力的书面证明。

原始凭证是进行会计核算的原始资料和重要依据，一切经济业务的发生都应由经办部门或经办人员向会计部门提供能够证明该项经济业务已经发生或已经完成的书面单据，以明确经济责任，并作为编制记账凭证的原始依据。一般而言，在会计核算过程中，凡是能够证明某项经济业务已经发生或完成情况的书面单据就可以作为原始凭证，如有关的发票、收据、银行结算凭证、收料单、发料单等；凡是不能证明该项经济业务已经发生或完成情况的书面文件就不能作为原始凭证，如生产计划、购销合同、银行对账单等。

二、原始凭证的基本要素

在会计实务中，由于各种经济业务的内容和经济管理的要求不同，因而记录经济业务的各种原始凭证也不尽相同。但是无论哪一种原始凭证，都必须具备以下基本要素：

（一）原始凭证的名称

原始凭证的名称表明原始凭证所记录业务的内容，反映原始凭证的用途。如"发票""入库单""现金支票"等。

（二）原始凭证的日期

填制原始凭证的日期一般是业务发生或完成的日期。如果在业务发生或完成时，因各种原因未能及时填制原始凭证的，应以实际填制日期为准。例如，销售商品时未能及时开出发票的，补开发票的日期应为实际填制的日期。

（三）填制凭证单位名称或填制人姓名

（四）接受凭证单位的名称

将接受凭证单位与填制凭证单位或填制人员相联系，可以表明经济业务的来龙去脉。

（五）经济业务的内容

经济业务的内容主要是表明经济业务的项目、名称及有关的说明。

（六）数量、单价和金额

经济业务中的实物名称、数量、单价和金额，这是经济业务的核心。

（七）经办人员签名或盖章

经办人员签名或盖章的主要目的是为了明确经济责任。

对于国民经济一定范围内经常发生的同类经济业务，应由主管部门制定统一的凭证格式。例如：由各专业银行统一制定的各种结算凭证；由航空、铁路、公路及航运等部门统一印制的发票等。

三、原始凭证的填制要求

由于原始凭证的具体内容、格式不同，产生的渠道也不同，因而其填制或取得的具体要求也有一定的区别，但从总体要求来看，按照《中华人民共和国会计法》和《会计基础工作规范》的规定，原始凭证的填制或取得必须符合下述几项基本要求：

（一）内容要真实可靠

填写原始凭证，必须符合真实性会计原则的要求，原始凭证上所记载的内容必须与实际发生的经济业务内容相一致，实事求是、严肃认真地进行填写，不得弄虚作假。

（二）内容要填写完整

在填写原始凭证时，对于其基本内容和补充资料都要按照规定的格式、内容逐项填写齐全，不得漏填或省略不填。

（三）责任必须明确

经办业务的单位和个人，一定要认真填写、审查原始凭证，确认无误后，要在原始凭证上的指定位置签名或盖章，以便明确责任。从外单位或个人取得的原始凭证，必须有填制单位公章或个人签字、盖章，对外开出的原始凭证必须加盖本单位公章。

（四）书写格式要规范

原始凭证上的文字，要按规定要求书写，字迹要工整、清晰，易于辨认，不得使用未经国务院颁布的简化字。合计的小写金额前要冠以人民币符号"￥"（用外币计价、结算的凭证，金额前要加注外币符号，如"HK＄""US＄"等），币值符号与阿拉伯数字之间不得留有空白；所有以元为单位的阿拉伯数字，除表示单价等情况外，一律填写到角分，无角分的要以"0"补位。汉字大写金额数字，一律用正楷字或行书字书写，如壹、贰、叁、肆、伍、陆、柒、捌、玖、拾、佰、仟、万、亿、元（圆）、角、分、零、整（正）。大写金额最后为"元"的应加写"整"（或"正"）字断尾。

阿拉伯金额数字中间有"0"时，汉字大写金额要写"零"字，如￥3 409.62，汉字大写金额应写成人民币叁仟肆佰零玖元陆角贰分。阿拉伯金额数字中间连续有几个"0"时，汉字大写金额中可以只写一个"零"字，如￥8 005.24，汉字大写金额应写成人民币捌仟零伍元贰角肆分。阿拉伯金额数字万位或元位是"0"，或者数字中间连续有几个"0"，元位也是"0"，但千位、角位不是"0"时，汉字大写金额中可以只写一个"零"字，也可以不写"零"字，如￥2 680.46，应写成人民币贰仟陆佰捌拾元零肆角陆分，或者写成人民币贰仟陆佰捌拾元肆角陆分；阿拉伯金额数字角位是"0"，而分位不是"0"时，汉字大写金额"元"后面应写"零"字，如￥26 409.02，应写成人民币贰万陆仟肆佰零玖元零贰分。

尾数为"0"时需加"整"字，如￥20 000.00，应写成人民币贰万元整。

在填写原始凭证的过程中，如果发生错误，应采用正确的方法予以更正，不得随意涂改、刮擦凭证，如果原始凭证上的金额发生错误，则不得在原始凭证上更改，而应由出具单位重开。对于支票等重要的原始凭证如果填写错误，一律不得在凭证上更正，应按规定的手续注销留存，另行重新填写。

5. 填制要及时

按照及时性会计原则的要求，企业经办业务的部门或人员应根据经济业务的发生或完成情况，在有关制度规定的范围内，及时地填制或取得原始凭证。

四、几种原始凭证的填制

（一）支票的填制

常见支票分为现金支票和转账支票。在支票正面上方有明确标注。现金支票只能用于支取现金；转账支票只能用于转账。

1. 出票日期（大写）

数字必须大写，大写数字写法如下：零、壹、贰、叁、肆、伍、陆、柒、捌、玖、拾。

（1）1月、2月、10月前的"零"字必写，叁月至玖月前"零"字可写可不写。拾月至拾贰月必须写成壹拾月、壹拾壹月、壹拾贰月（前面多写了"零"字也认可，如零壹拾壹月）。

（2）1—10日、20日、30日前"零"字必写，11—19日必须写成壹拾壹日及壹拾×日（前面多写了"零"字也认可，如零壹拾伍日）。

例如，2013年8月5日：贰零壹叁年捌月零伍日。2014年2月13日：贰零壹肆年零贰月零壹拾叁日。

2. 收款人

（1）现金支票收款人应写为本单位名称。

（2）转账支票收款人应填写为对方单位名称。

（3）转账支票收款人也可写为收款人个人姓名。最新规定，个人存入的转账支票最高限额为 50 万元以内。

3. 付款行名称

付款行名称即为本单位开户银行名称。

4. 出票人账号

出票人即支票的填制人，支票由付款人开出，因此出票人账号即为本单位银行账号，银行账号必须小写。

5. 人民币（大写）

数字大写写法：零、壹、贰、叁、肆、伍、陆、柒、捌、玖、亿、万、仟、佰、拾。注意："万"字不带单人旁。具体大写的写法在原始凭证的填制要求里面已经进行了详细介绍，这里只举几个例子。例如：￥289 546.52 应写为人民币贰拾捌万玖仟伍佰肆拾陆元伍角贰分；￥7 560.31 应写为人民币柒仟伍佰陆拾元零叁角壹分，此时"陆拾元零叁角壹分""零"字可写可不写；￥532.00 应写为人民币伍佰叁拾贰元整，"整"写为"正"字也可以，但不能写为"零角零分"。

6. 人民币小写

最高金额的前一位空白格用"￥"字头占格，数字填写要求完整清楚。

7. 用途

（1）现金支票有一定限制，一般填写"备用金""差旅费""工资""劳务费"等。

（2）转账支票没有具体规定，可填写如"货款""代理费"等。

8. 盖章

在支票存根联与正式联的中间有一条线，在这里用财务专用章盖骑缝章。在支票中央靠下的位置盖财务专用章和法人章，缺一不可，印泥为红色，印章必须清晰，印章模糊只能将本张支票作废，换一张重新填写重新盖章。

9. 常识

（1）支票正面不能有涂改痕迹，否则本支票作废。

（2）受票人如果发现支票填写不全，可以补记，但不能涂改。

（3）支票的有效期为 10 天，日期首尾算一天。节假日顺延。

（4）支票见票即付，不记名。（丢了支票尤其是现金支票可能就是票面金额数目的钱丢了，银行不承担责任。现金支票一般要素填写齐全，假如支票未被冒领，在开户银行挂失；转账支票假如支票要素填写齐全，在开户银行挂失，假如要素填写不齐，到票据交换中心挂失。）

（5）出票单位现金支票背面有印章盖模糊了，此时支票作废。

存根联填写的内容要与正式联相一致，但要注意存根联里的日期用小写，金额也要用小写，如￥20 000.00。

（二）转账进账单的填制

付款人开出转账支票给收款人，收款人是如何将款项从付款人账户转入自己账户的呢？这就涉及需使用银行转账进账单（见图 4-4-1）。

中国农业银行 进账单（回 单） 1

2009 年 9 月 11 日

出票人	全称	中国石油天然气呼伦贝尔分公司	收款人	全称	东海拉尔发电厂
	账号	060703020102201010		账号	123456789012345678
	开户银行	工行呼伦贝尔分行[illegible]分理处		开户银行	建设银行
金额	人民币（大写）	壹拾万元整		亿千百十万千百十元角分	¥10000000
票据种类	汇票	票据张数	1		
票据号码		2134			
复核	记账			开户银行签章	

此联是开户银行交给持（出）票人的回单

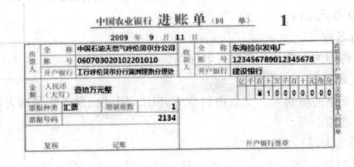

图 4-4-1

第一联：银行交持票人回单（收款人）。第二联：收款人开户银行作贷方凭证。

收款方拿着转账支票正联和转账进账单去自己的开户银行，银行将转账进账单第一联给收款人，第二联由收款方银行留存，转账支票正联由收款方银行转给付款方银行。

（三）现金缴款单的填制

单位将收到的现金缴存银行，需要填写现金缴款单。下面简单介绍一下现金缴款单的填制（见图 4-4-2）。

北京农商银行 BEIJING RURAL COMMERCIAL BANK 现金缴款单（回单） ②

2011 年 08 月 25 日

收款单位	全称	杭州智泉工控技术有限公司	款项来源	
	账号	7481810088888888	款项类别	现金、本行票据 张。
人民币（大写）	壹万贰仟叁佰肆拾伍元整		千百十万千百十元角分	¥1234500

券别	张数	金额	券别	张数	金额	券别	枚数	金额	
壹佰元			贰元			伍分			复核 出纳
伍拾元			壹元			贰分			
贰拾元			伍角			壹分			（银行盖章）
拾元			贰角						
伍元			壹角						

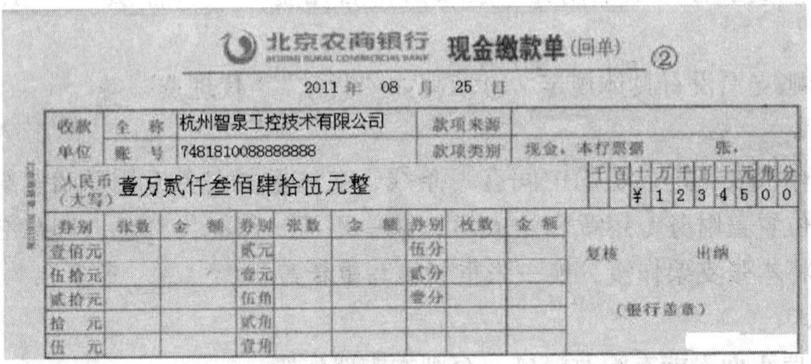

图 4-4-2

第一联：银行盖章后退回单位（单位做账用）。第二联：收款单位开户银行作凭证（银行做账用）。

（四）普通发票的填制

普通发票一般一式三联，即存根联、记账联和发票联。在填写时需注意：项目内容根据交易内容如实填写，人民币大小写金额要一致，小写最高金额的前一位空白格用“¥”字头占格，三联需一次填写。

五、原始凭证的审核

原始凭证必须经过指定的会计人员审核无误之后，才能作为记账的依据。这是保证会计核算资料的真实、正确和合法，充分发挥会计监督作用的重要环节。原始凭证的审核主要有以下内容：

（一）合法性审核

审核原始凭证所记载的经济业务是否合法、合理，是否符合国家的有关政策、法令和制度的有关规定，有无违法乱纪的行为。如果有违法乱纪的行为，可遵照一定的程序向上级领导机关反映有关情况，对于弄虚作假、营私舞弊、伪造涂改凭证等违法乱纪行为，必须及时揭露，拒绝受理，并向领导汇报，严肃处理。

（二）技术性审核

根据原始凭证的内容，逐项审核原始凭证的摘要是否填写清楚；日期是否真实；实物数量、单价以及数量与单价的乘积是否正确；小计、合计以及数字大写和小写有无错误；审核凭证有无刮擦、挖补、涂改和伪造原始凭证等情况；审核原始凭证的手续是否完备，有关单位和经办人的签章是否齐全，是否经过主管人员审核批准等。

第三节 记账凭证

一、记账凭证的概念

通过对原始凭证内容的学习，我们已经知道，原始凭证来自各个不同方面，数量庞大，种类繁多，格式不一，其本身不能明确表明经济业务应记入的账户名称和方向，不经过必要的归纳和整理，难以达到记账的要求，所以，会计人员必须根据审核无误的原始凭证编制记账凭证，将原始凭证中的零散内容转换为账簿所能接受的语言，以便据以直接登记有关的会计账簿。

记账凭证是指由会计人员根据审核无误的原始凭证编制的，用来确定会计分录并作为记账依据的会计凭证。

原始凭证和记账凭证之间存在着密切的联系，原始凭证是记账凭证的基础，记账凭证是根据原始凭证编制的；原始凭证附在记账凭证后面作为记账凭证的附件，记账凭证是对原始凭证内容的概括和说明；记账凭证与原始凭证的本质区别就在于原始凭证是对经济业务是否发生或完成起证明作用，而记账凭证仅是为了履行记账手续而编制的会计分录凭证。

二、记账凭证的基本要素

记账凭证的一个重要作用就在于将审核无误的原始凭证中所载有的原始数据通过运用账户和复式记账系统编制会计分录而转换为会计账簿所能接受的专有语言，从而成为登记账簿的直接依据，完成第一次会计确认。因此，作为登记账簿直接依据的记账凭证，虽然种类不同，格式各异，但一般要具备以下基本要素：

（1）记账凭证的名称，如记账凭证、收款凭证、付款凭证、转账凭证等。

（2）记账凭证的填制日期，一般用年、月、日表示，要注意的是记账凭证的填制日期不一定就是经济业务发生的日期。

（3）记账凭证的编号。通用记账凭证需统一编号，专用记账凭证需分收款凭证、付款凭证和转账凭证分别编号。

（4）经济业务的内容摘要。由于记账凭证是对原始凭证直接处理的结果，所以，只需将原始凭证上的内容简明扼要地在记账凭证中予以说明即可。

（5）经济业务所涉及的会计科目、记账方向及金额。经济业务所涉及的会计科目、记账方向及金额，这是记账凭证中所要反映的主要内容，也就是会计分录的内容。

（6）所附原始凭证的张数。

（7）有关人员的签字、盖章。这样做，一方面能够明确各自的责任，另一方面又有利于防止在记账过程中出现的某些差错，从而在一定程度上保证了会计信息系统最终所输出会计信息的真实、可靠。

三、记账凭证的填制要求

记账凭证是由会计人员根据审核无误的原始凭证填制的，因此，各种记账凭证的填制，除了必须严格做到上述填制原始凭证的要求外，还必须注意以下几点：

（一）凭证摘要简明

记账凭证的摘要栏既是对经济业务的简要说明又是登记账簿的主要依据，必须针对不同性质的经济业务的特点，正确地填写，既要反映经济业务的实际内容又要简明扼要。

（二）业务记录明确

在一张记账凭证上，不能把不同类型的经济业务合并填制，一张记账凭证只能反映某一项或若干同类的经济业务。这样做的目的，主要是为了明确经济业务的来龙去脉和账户的对应关系。所以，记账凭证可以根据每一张原始凭证单独填制，也可以根据同类经济业务的许多份原始凭证填制，还可以根据汇总的原始凭证来填制。为了简化记账凭证的填制手续，对于转账业务，可以用自制的原始凭证或汇总原始凭证来代替记账凭证，但是，必须具备记账凭证应有的项目。

（三）科目运用准确

必须按照设定的会计科目，根据经济业务的性质编制会计分录，以保证核算口径的一致，便于综合汇总。使用借贷记账法编制分录时，只能编制简单分录或复合分录，一般不能编制多借多贷的会计分录，以便从账户对应关系中反映经济业务的情况。

（四）编号顺序科学

记账凭证应当连续编号，以便核查。在使用通用凭证时，可按经济业务发生顺序编号。一笔经济业务，需要编制多张记账凭证时，可采用"分数编号法"。例如，一笔经济业务需要编制两张记账凭证，凭证的顺序号为 6 号时，可编制记字第 $\frac{1}{2}$ 号、记字第 $\frac{2}{2}$ 号。前面的整数表示业务顺序，分子表示 2 张中的第 1 张和第 2 张，分母表示本号有 2 张。

（五）填写日期规范

记账凭证原则上应按收到原始凭证的日期填写，如果一份记账凭证要依据不同日期的某类原始凭证填制时，可按填制凭证日期填写。

（六）凭证附件完整

记账凭证所附的原始凭证张数必须注明，以便查核。如果根据同一原始凭证填制数张记账凭证时，则应在未附原始凭证的记账凭证上注明"附件××张，见第××号记账凭证"。如果原始凭证需要另行保管时，则应在附件栏目内加以注明。

（七）填写内容齐全

记账凭证填写完毕，应进行复核与检查，并按所使用的记账方法进行试算平衡。有关人员均要签名、盖章。

（八）有空行需注销

记账凭证填制完经济业务事项后，如有空行，应当在金额栏自最后一笔金额数字下方的空行处至合计数上方的空行处划斜线注销。

四、通用记账凭证的格式及填制方法

通用记账凭证是指适用于所有类别的经济业务事项的记账凭证。其具体格式见表4-4-1。

表 4-4-1

记账凭证

年 月 日 第 号

摘要	科目		借方金额									贷方金额									记账
	总账科目	明细科目	千	百	十	万	千	百	十	元	角	分	千	百	十	万	千	百	十	元	角	分	
	合计																						

附单据 张

会计主管: 记账: 出纳: 复核: 制单:

下面举例说明记账凭证的填制。例如，某企业 20×3 年 12 月 1 日用银行存款购买甲材料一批，价值 10 000 元，材料已验收入库（不考虑相关税费）。则记账凭证的填制如表4-4-2所示。

表4-4-2

记账凭证

20×3 年 12 月 1 日 第 1 号

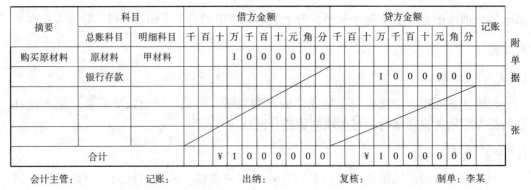

摘要	科目		借方金额										贷方金额									记账
	总账科目	明细科目	千	百	十	万	千	百	十	元	角	分	千	百	十	万	千	百	十	元	角	分	
购买原材料	原材料	甲材料			1	0	0	0	0	0	0	0											
	银行存款															1	0	0	0	0	0	0	0	
合计			¥	1	0	0	0	0	0	0			¥	1	0	0	0	0	0	0			

会计主管： 记账： 出纳： 复核： 制单：李某

附单据　张

五、记账凭证的审核

记账凭证是登记账簿的直接依据，为了保证账簿记录的正确性，除了编制记账凭证的人员应当认真负责、正确填制、加强自审以外，同时还应建立专人审核制度。记账凭证的审核主要包含以下两点：

（一）合法性审核

审核记账凭证确定的会计分录是否符合国家的有关政策、法令和制度的有关规定，这就要求审核人员必须根据记账凭证所附原始凭证的经济内容，按照会计核算方法的要求，审核会计分录的编制是否准确无误，同时审核记账凭证是否附有审核无误的原始凭证，所附原始凭证的张数及其内容是否与记账凭证一致。

（二）技术性审核

根据记账凭证的要素，逐项审核记账凭证的内容是否按规定要求填制，各项目是否按照规定填写齐全并按规定手续办理；根据记账凭证的填制要求，审核记账凭证的摘要，应借、应贷会计科目及金额以及账户对应关系是否清晰、完整，核算内容是否符合会计制度和会计政策的要求。

在审核过程中，如果发现差错，应查明原因，按规定办法及时处理和更正。只有经过审核无误的记账凭证，才能据以登记账簿。

练习题一

（一）目的：练习支票、转账进账单及现金缴款单的填写。

（二）资料：

1. 2014 年 4 月 8 日万华科技公司开出一张现金支票，去银行提取现金 20 000 元。

2. 2014 年 4 月 21 日万华科技公司开出一张转账支票支付前欠中新公司的货款 250 000 元。

3.2014 年 5 月 17 日万华科技公司将现金 2 045 元存入银行。

万华科技开户行：工商银行乐山嘉州支行

账号：6222211113333000000

中新公司开户行：建设银行嘉州支行

账号：6227003662222001111

（三）要求：根据以上资料填制支票、转账进账单及现金缴款单。

练习题二

（一）目的：练习记账凭证的填制。

（二）资料：某企业 2×12 年 9 月份发生下列经济业务（不考虑增值税）：

1 日，从华顺公司购入 A 材料一批，价款 30 000 元，材料已验收入库，货款尚未支付。

2 日，以银行存款支付管理部门电费 2 000 元。

3 日，职工李华因公出差暂借差旅费 1 000 元，以现金支付。

6 日，职工李华出差回来报销差旅费 1 000 元。

7 日，收到万华公司归还的前欠货款 15 000 元，存入银行存款户。

10 日，向银行借短期借款 10 000 元，存入银行存款户。

12 日，企业管理部门购买办公用品 500 元，以现金支付。

14 日，售给天宇公司 A 产品 500 件，全部款项 50 000 元已存入银行。

16 日，向银行提取现金 9 000 元，准备发放工资。

18 日，以现金支付本月职工工资 9 000 元。

20 日，从银行提现金 1 000 元备用。

21 日，以银行存款支付广告费 2 000 元。

25 日，以银行存款 30 000 元归还银行长期借款。

（三）要求：根据以上资料编制通用记账凭证。

参考文献

［1］滕佳东，马大勇. ERP 沙盘模拟实训教程［M］. 大连：东北财经大学出版社，2012.

［2］付源，李为毅. 会计学基础［M］. 成都：西南交通大学出版社，2009.

［3］崔智敏，陈爱玲. 会计学基础［M］. 北京：中国人民大学出版社，2010.

［4］徐兴恩，田秀群. 基础会计学［M］. 成都：西南财经大学出版社，2008.

［5］刘志杰. 招投标与合同管理［M］. 大连：大连理工大学出版社，2009.